基本が
いちばんよくわかる

かぎ針編みの
れんしゅう帳

寺西 恵里子

CONTENTS

4 はじめに

12 編む前の基礎

- 14 毛糸
- 16 針・用具
- 18 針と糸の関係
- 20 糸の取り出し方
- 21 針と糸の持ち方
- 22 編み目記号と編み図の見方
- 23 段と目
- 24 ゲージ
- 25 糸のつなぎ方
- 26 編み終わりの始末
- 27 糸端の始末

28 基本の編み方

- 30 くさり編み
- 33 くさり編みだけでもできる！
- 34 細編み
- 35 立ち上がりの目
- 36 長編み
- 38 中長編み
- 39 長々編み
- 41 四角く編む
- 43 色の替え方

44 増やし目

- 46 細編み2目編み入れる
- 48 わの作り目
- 49 引き抜き編み
- 50 段目リング
- 51 細編み3目編み入れる
- 52 中長編み2目、3目編み入れる
- 53 長編み2目、3目編み入れる
- 55 楕円に編む
- 57 筒状（輪編み）に編む

58 減らし目

- 60 細編み2目一度
- 61 長編み2目一度
- 62 中長編み2目一度
- 63 長々編み2目一度
- 65 減らし目で立体に

66 玉編み・パプコーン編み

- 68 長編み3目玉編み
- 69 長編み3目玉編み（束に編む）
- 70 中長編み3目玉編み
- 71 長編み5目玉編み
- 72 変わり中長編み3目玉編み
- 74 中長編み5目パプコーン編み
- 75 長編み5目パプコーン編み
- 77 長編み5目パプコーン編み（裏側からの編み方）
  中長編み2目玉編み
- 79 玉編み、パプコーン編みをふっくら編む

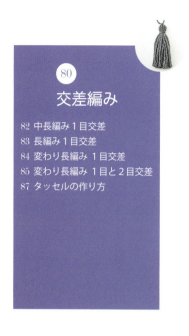

80 交差編み

- 82 中長編み1目交差
- 83 長編み1目交差
- 84 変わり長編み1目交差
- 85 変わり長編み1目と2目交差
- 87 タッセルの作り方

88 引き上げ編み

- 90 細編みの引き上げ編み
- 91 中長編みの引き上げ編み
- 92 長編みの引き上げ編み
- 95 ボンボンの作り方

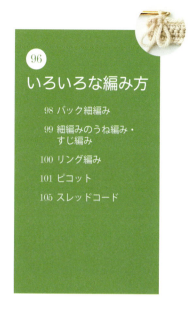

96 いろいろな編み方

- 98 バック細編み
- 99 細編みのうね編み・すじ編み
- 100 リング編み
- 101 ピコット
- 105 スレッドコード

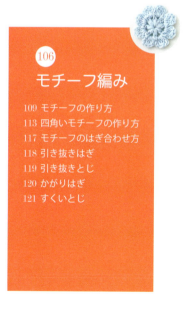

106 モチーフ編み

- 109 モチーフの作り方
- 113 四角いモチーフの作り方
- 117 モチーフのはぎ合わせ方
- 118 引き抜きはぎ
- 119 引き抜きとじ
- 120 かがりはぎ
- 121 すくいとじ

124 あみぐるみ

- 127 あみぐるみ

134 終わりに

- 136 編み目記号と編み方図
- 140 作品インデックス
- 141 逆引きインデックス
- 144 掲載作品の作り方

はじめに

はじめに

1本の糸と1本のかぎ針でできる

かぎ針編み……

はじめてでも大丈夫

針の持ち方さえできれば

あっという間に編めるようになります。

1つ1つの工程をていねいにおっていくと

まず、1目編めます。

繰り返しのリズムができてくれば

編むのがとても楽しくなります。

作品選びの楽しさ

糸選びの楽しさ

色選びの楽しさ

はじめる前にもたくさんの楽しさがあります。

編み物の楽しさ

端から端まで味わってください。

きっと…

そこから何かがはじまります。

編み物から感じることはたくさん…

小さな作品に大きな願いを込めて…

寺 西 恵 里 子

かぎ針編みの世界へようこそ

1本の糸からはじまるかぎ針……
覚えてしまえばカンタンなことばかりです。
さあ、いろいろなものを編んでみましょう！

基本の編み方

基本の5つの編み方です。
まず最初はこの編み方だけ
マスターしましょう。

増やし目

増やし目を覚えると
円形や楕円形も
編めるようになります。

減らし目

減らし目を覚えると
立体も編めるようになります。
カンタンなのでやってみましょう。

はじめに 7

玉編み・パプコーン編み

玉編みもカンタンです。
雰囲気が一気に変わるので
チャレンジしてみましょう。

交差編み

編む順を変えるだけで
交差模様ができます。
1段編んだだけでも素敵です。

引き上げ編み

編み目の横の穴に
針を入れて編むだけなので
実はカンタンな編み方です。

はじめに

いろいろな編み方

リング編みやピコット編み
かわいい飾り編みにも
チャレンジしてみましょう。

あみぐるみ

1つは編んでみたいあみぐるみ
実はカンタンです。
ぜひ、1つ編んでみましょう！

モチーフ編み

人気のモチーフ編みです。
お花や四角いモチーフ
いろいろ編んでみましょう。

はじめに

編む前の基礎

糸と針があればできるのが、編み物です。
糸の種類は多いのですが
針は、糸が決まれば、決まってきます。

糸選びが楽しいので
まずはここを読んで、糸の種類を知るところから
はじめましょう。

編み終わりや糸端の始末もここに載っているので
編みながらでも役に立ちます。

基礎を一度読んでから
はじめましょう！

P.14 毛糸

P.16 針・用具

P.18 針と糸の関係

P.20 糸の取り出し方

P.21 針と糸の持ち方

P.22 編み目記号と編み図の見方

P.23 段と目

P.24 ゲージ

P.25 糸のつなぎ方

P.26 編み終わりの始末

P.27 糸端の始末

編む前の基礎　13

毛　糸

手編みに使う毛糸の種類はいろいろあります。
太さ、色、材質、形状の違いで編み地が変わってきます。
選ぶときは、編む太さから選びましょう。

糸の太さ

細い毛糸、太い毛糸、太さが変わる糸などいろいろあります。

極細

中細

合太

並太

極太

超極太

スラブヤーン
（太さが変わる糸）

糸の色

毛糸によって、揃えられている色が違います。好きな色で編みましょう。

2本どりにする方法

細い糸でも2本どりにして太くすることができます。

2本合わせて持ち、編みます。

毛糸が1玉のときは、両端を合わせて2本にすることもできます。

ラベルの見方

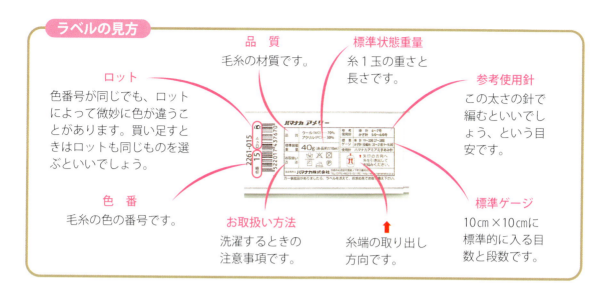

ロット
色番号が同じでも、ロットによって微妙に色が違うことがあります。買い足すときはロットも同じものを選ぶといいでしょう。

品質
毛糸の材質です。

標準状態重量
糸1玉の重さと長さです。

参考使用針
この太さの針で編むといいでしょう、という目安です。

色番
毛糸の色の番号です。

お取扱い方法
洗濯するときの注意事項です。

糸端の取り出し方向です。

標準ゲージ
10cm×10cmに標準的に入る目数と段数です。

糸の種類いろいろ

さまざまな素材の糸があります。ループがある糸や、毛足が長い糸もあります。
はじめての人には、編み目の見やすいまっすぐな毛糸がおすすめです。

ウール　　アクリル　　コットン

リネン　　モヘア　　モール

ファーヤーン　　ループヤーン　　スラブヤーン

毛糸　15

針・用具

針は糸に合わせて、号数を選びます。
はじめは少し太めの針からチャレンジするといいですね。
とじ針以外の用具は、持っている物で代用できればそれでもかまいません。

かぎ針

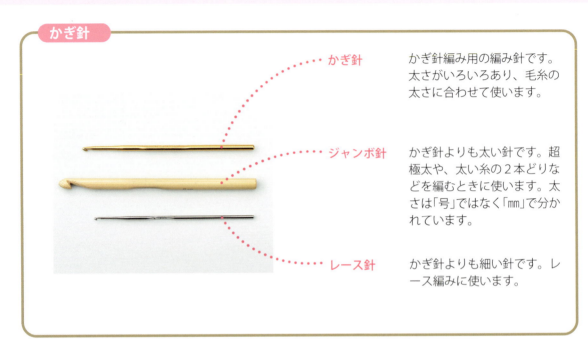

かぎ針 かぎ針編み用の編み針です。太さがいろいろあり、毛糸の太さに合わせて使います。

ジャンボ針 かぎ針よりも太い針です。超極太や、太い糸の2本どりなどを編むときに使います。太さは「号」ではなく「㎜」で分かれています。

レース針 かぎ針よりも細い針です。レース編みに使います。

かぎ針いろいろ

片側にかぎがついている「片かぎ針」、両側が違う太さのかぎがついている「両かぎ針」があります。グリップつきのものは、はじめての人や握力の弱った人にもおすすめです。

とじ針

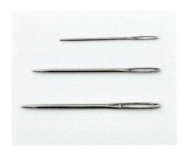

毛糸用に先が丸くなっている針です。太さもいろいろあるので、毛糸に合わせて使います。

あると便利な道具いろいろ

はさみ
糸を切るのに使います。専用のはさみでなくても、糸が切れれば大丈夫です。

メジャー・定規
長さや幅を測るのに使います。途中途中、測りながら作りましょう。

アイロン
編み地にスチームをかけると、まっすぐに整います。

まち針
アイロンをかけるときに使います。

段目リング
段数の目印にしたり、立ち目の目印につけるリングです。

とじ針に毛糸を通すには

1 毛糸を二つ折りし、針にかけ、根元ぎりぎりをつまみます。

2 そのまま針を抜き、折り端を針の穴に入れます。

3 こうすると、毛糸を簡単に通すことができます。

アイロンのかけ方

1 アイロン台に、編み地を形を整えてまち針でとめます。

2 アイロンを2～3cmうかせてスチームをかけます。冷めてからはずします。

アイロンをかける前

アイロンをかけた後

針・用具

針と糸の関係

糸のラベルには、必ず針の号数が表記されています。
編みたい糸の太さから、糸を選び、次に針を選びましょう。
同じ糸でも針の号数で編んだ物の大きさが変わってきます。

毛糸と針の太さの目安

針は細いものから太いものまで号数が分かれています。
編み方と毛糸の太さに合わせて針の太さを選びます。

糸（実物大）		針（実物大）	針の号数
	極 細		2/0 号
	中 細		3/0 号
	合 太		4/0 号
	並 太		5/0 号
			6/0 号
			7/0 号
	極 太		7.5/0 号
			8/0 号
			9/0 号
			10/0 号
	超極太		7mm〜

かぎ針による違い

同じ糸・編み図でも、使用するかぎ針の太さが違うと、大きさが変わります。

糸は全て同じ並太毛糸です　　5/0号針　　6/0号針　　7/0号針

ゲージの合わせ方

ラベルの表や目安表をもとにかぎ針を選んでも、人によって編み地がきつくなったり、ゆるくなったりする場合があります。
そのときは、かぎ針の太さをかえてみましょう。

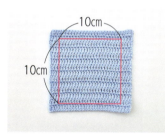

編み目がきつく、ゲージよりも目数・段数が多くなってしまった

編み地が固く、ぎゅっと目が詰まっています。
➡ かぎ針を1〜2号太くして編んでみましょう。

ゲージと合った編み地

ゆるすぎず、きつすぎず、ちょうどよく目が詰まっています。

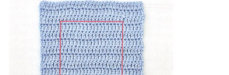

編み目がゆるく、ゲージよりも目数・段数が少なくなってしまった

編み目と編み目の隙間が目立ちます。
➡ かぎ針を1〜2号細くして編んでみましょう。

糸の取り出し方

編んでいるうちに毛糸が転がって汚れるといけないので
転がらない糸端の取り方から、覚えましょう。
紙袋で作るヤーンケースも便利です。

糸の取り出し方

1 毛糸の中心に指を入れ、中心の毛糸をつまみます。

2 取り出します。

3 糸端を探します。

4 ここから、編みはじめます。

ヤーンケースを作ろう

毛糸玉を入れると編んでいる途中で転がったりしないので、便利です。

1 紙袋の持ち手を切ります。

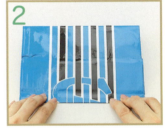

2 底から12〜15cmくらいで折ります。

3 折り目をつけたところで内側に折り込みます。

4 できあがり。毛糸を中に入れて使いましょう。

針と糸の持ち方

針の持ち方がきれいにできていると、きれいに編めます。
人さし指が曲がらないように注意しましょう。
編んでいる姿が美しいのも編み物の特徴です。

糸の持ち方

1
右手で糸端を持ち、左手の小指の後ろ、薬指と中指の前、人さし指の後ろに通します。

2
糸端を前にもってきます。

3
人さし指をピンと立て、親指と中指で糸端から10cmくらいのところを持ちます。

針の持ち方

右手でえんぴつを持つように、針のかぎを下に向けて持ちます。

良い例・悪い例

人さし指を立てて糸をピンと張るときれいに編めます。

人さし指が曲がってしまうと糸がゆるみやすくなり、うまく編めません。

小指にひと巻きする糸の持ち方

小指にひと巻きして持ちます。編み目を詰めたいときや、糸がツルツルしてすべりやすいときに使います。

針と糸の持ち方がきれいだと、
きれいに編めます。

編み目記号と編み図の見方

編み目記号はとっても便利な記号です。
編み目記号だけを見て編むことができます。
少しずつ、覚えていきましょう。

編み目記号について

編み目記号はそれぞれの編み方を記号にしたものです。

[例] くさり編み   細編み   中長編み

編み図について

[往復編みの編み図]

1段ごとに裏返し、右から左へ編みます。
図は、常に表から見た図になっています。

[輪編みの編み図]

常に表から見て編みます。1や2の図のみの場合と、立体の場合などに組み合わせる場合があります。

[3]

[2]

 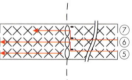

[1]

 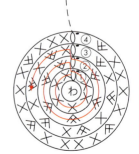

よく使われる編み物用語

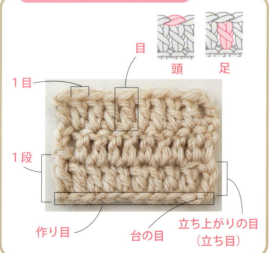

目　頭　足
1目　1段　作り目　台の目　立ち上がりの目（立ち目）

段と目

横に編んだ目を目数。縦に編んだ段を段数。
目数と段数で大きさを表現します。
立ち上がりの目の数え方などは、覚えておくと便利です。

目数の数え方

[細編み]
立ち上がりの目は1目に数えません。

 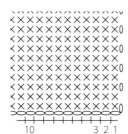

[中長編み・長編み・長々編み]
立ち上がりの目も1目に数えます。

 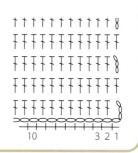

段の数え方

作り目は1段に数えません。

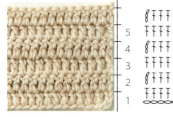 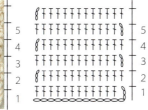  

くさり編みの作り目の数え方

くさり部分だけを数えます。

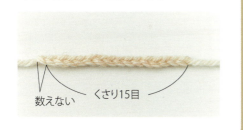

数えない　くさり15目

台の目

中長編み以上の立ち目の下の目が台の目です。

立ち上がりの目　台の目

作り目には、台の目の数も含まれます。

段と目　23

ゲージ

同じ目数段数で編んでも、人によって大きさが変わります。
同じ大きさに編むために、目数段数が同じになるように
針などで調整するのを「ゲージを合わす」といいます。

ゲージとは

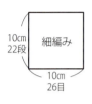

編み目の大きさの基準となるもので、通常は10㎝×10㎝に何目何段入るかを表します。

[本の表示]
それぞれの作品について、作品と同じサイズに編むための目数と段数が表示されています。

[毛糸のラベルの表示]
毛糸のラベルには、その毛糸で標準的に編める目数と段数が表示されています。

ゲージの見方

ゲージは、適正なサイズに編むための目安です。帽子やウェアなどの場合にはなるべく合わせましょう。
小物など、できあがりの大きさが多少違ってもよい場合は、神経質にならなくても大丈夫です。

1. 15㎝×15㎝くらいの試し編みをします。
2. 中心の10㎝×10㎝の中の目数・段数を数えます。
3. ゲージと同じ数であれば、その針で編みます。

＊模様編みなどは10㎝×10㎝でない場合もあるので、本の表記に従いましょう。

ゲージよりも目数・段数が多かった場合	ゲージよりも目数・段数が少なかった場合
●針を1～2号太くします。	●針を1～2号細くします。 ●小指に糸をひと巻きする持ち方(P.21)をします。

マフラーなどはゲージをとらずに編み進めて、少し編んでから同じように様子を見てみましょう。

糸のつなぎ方

色を替えたり、糸がなくなったときは、糸をつなぎます。
きれいにつなぐ方法があります。
覚えてしまえば簡単なのでマスターしましょう。

編みつなぐ

1. 最後の目の糸を引き抜く手前まで編み、新しい糸を針にかけます。

2. 1を引き抜きます。

3. 次の目を編むときに、糸端を編みくるむように編みます。

4. 次の目が編めました。

結んでつなぐ（はた結び）

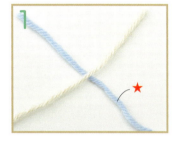

1. 古い糸と新しい糸を交差させます。

2. 右の糸の下側（★）を「の」の字にかけます。

3. 左の糸の上側（♥）を折り返して輪に通します。

4. 均等に糸を引き締めます。

糸のつなぎ方

編み終わりの始末

編み終わりの始末です。
糸を切って引っ張るだけの簡単な方法から
解けにくい、1目編む方法があります。

そのまま引き抜く

1
編み終わりから10〜15cmで糸を切ります。
※後でとじたり、はいだりするのに使うときは長めにします。

2
そのまま針を引きます。

3
ループを引き抜きます。

4
編み終わりの始末ができました。

くさり編みでとめる

1
最後の目を編みます。

2
続けて、くさり編みを1目編みます。

3
糸を切り、ループを引き抜きます。

4
編み終わりの始末ができました。

糸端の始末

編みはじめと、編み終わり、つないだ糸の始末です。
とじ針を使って、糸端を編んだ毛糸の中に入れます。
見た目にはわからないように仕上げます。

編みはじめの糸始末

[横に通す方法]
表裏がある作品のときなどに使います。

1 とじ針に糸端を通し、裏側の目の間に通します。

2 余分な糸を切ります。

[縦に通す方法]
表裏のない作品のときなどに使います。

1 とじ針に糸端を通し、端の目の間に通します。

2 余分な糸を切ります。

編み終わりの糸始末

[横に通す方法]
編みはじめの糸と同様に、裏側の目の間に通します。

[縦に通す方法]
編みはじめの糸と同様に、端の目の間に通します。

太い糸やゆるい編み目のときは

とじ針で毛糸を割りながら、毛糸の中を通します。

太い糸や大きな編み目のときもほどけにくくなります。

基本の編み方

いろいろな編み方がありますが
そのほとんどは細編みや長編みなど
基本の編み方を組み合わせたものです。

くさり編みから覚えていきましょう。

細編み、中長編み、長編み、長々編み
この5つを覚えるだけで、
いろいろな物が編めます。

はじめてでも大丈夫です。
手が慣れてくれば考えなくてもできるので
ゆっくりていねいに覚えていきましょう。

P.30 くさり編み

P.33 くさり編みだけでもできる！

P.34 細編み(こま)

P.35 立ち上がりの目

P.36 長編み

P.38 中長編み

P.39 長々編み

P.41 四角く編む

P.43 色の替え方

基本の編み方　29

くさり編み

かぎ針のスタートの編み方の1つです。
くさり編みから目を拾って編んでいきます。
編みはじめのくさり編みはゆるめに編みましょう。

作り目

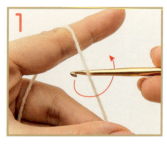

1 糸の向こう側に針をあてます。

5 →のように針に糸をかけます。

2 →のように針を回転させます。

6 輪から糸を引き抜きます。

3 一回転しました。

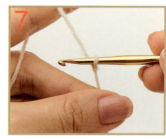

7 糸端を引き、引き締めます。作り目ができました。

4 輪の根元をおさえます。

作り目は目数に数えません。

くさり編み

糸をかけます。

1、2をくり返します。3目編んだところです。

輪から糸を引き抜きます。

根元に持ち直します。

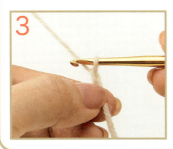
くさり編みが1目できました。

くり返して編みます。

くさり編みの表と裏

真ん中に1本わたっているのが裏山（裏の目）です。
くさり編みの作り目の場合、裏山から目を拾って1段めを編みます。

作り目のコツ

本体を編む針より1号太い針で編みます。少しゆるく編むことで、裏山が拾いやすくなり、編みはじめの縮みも防ぎます。

くさり編み　31

くさり編みだけで編む
3色のエコたわし

洗剤のいらないエコたわしも
くさり編みだけでできます。
使いやすい大きさです。

32　くさり編み

くさり編みだけでもできる！

くさり編みができるようになったら練習にもなるので、まずはそれだけで、作品を作ってみましょう！

3色のエコたわし

🌟 材料・用具は P.144

1
作り目をし、くさり編みをします。

2
くさり編みでA 3m、B 2m、C 3m編みます。

3
9cm / 3cm / 8cm / 5cm
厚紙を切ります。

4
2を厚紙に巻きます。

5
全て巻き、中心を別糸で結びます。

6
厚紙からはずし、結び糸をもう一度しっかり結びます。3色作ります。

7
AをBに結び、余分を切ります。

B
A

8
CをBに結び、余分を切って、できあがり。

A
B
C

くさり編み 33

細編み
こま

くさり編みができたら、
細編みにチャレンジ！
編みぐるみは細編みで編んでいます。

細編み

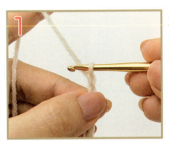
1　立ち上がりのくさり1目を編みます。

2　2目手前の裏山に針を入れます。

3　糸をかけます。

4　引き抜きます。

5　もう一度糸をかけます。

6　針にかかっている2本をまとめて引き抜きます。細編みが1目編めました。

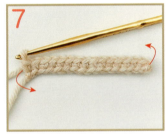
7　2～6をくり返して編みます。1段編めました。

8　2段めは、編み地を→の方向に回して持ち、頭の2本を拾って編みます。

立ち上がりの目

段が変わるときのはじめの目を
立ち上がりの目、立ち目といいます。
立ち目のルールを知りましょう。

立ち上がりの目

立ち上がりの目（立ち目）は、くさり編みで次の目と同じ高さに編みます。

細編みの立ち上がりの目

細編みでは、立ち上がりの目は1目に数えません。

立ち上がりのくさり1目

立ち上がりのくさり1目

中長編みの立ち上がりの目

中長編み以上は立ち上がりの下の1目を台の目といい、1目に数えます。

立ち上がりのくさり2目　台の目

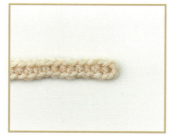

立ち上がりのくさり2目

長編みの立ち上がりの目

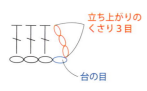

立ち上がりのくさり3目　台の目

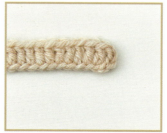

立ち上がりのくさり3目

長々編みの立ち上がりの目

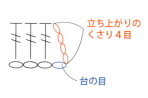

立ち上がりのくさり4目　台の目

立ち上がりのくさり4目

長編み

細編みの次によく使うのが長編みです。
細編みの3倍の長さになるので
早く、ふんわり編めます。

長編み

1 立ち上がりのくさり3目を編みます。

5 引き抜きます。

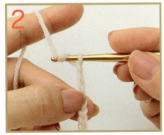

2 糸をかけます。

6 もう一度糸をかけます。

3 5目手前の裏山に針を入れます。

7 針にかかっている2本をまとめて引き抜きます。

4 糸をかけます。

8 もう一度糸をかけます。

長編み

9

針にかかっている2本をまとめて引き抜きます。長編みが1目編めました。

10

次の目に2〜9と同様に編みます。1段編めました。

立ち上がりの目の拾い方

前段の立ち上がりのくさり3目めの裏山とくさり半目を拾います。

2段めからの目の拾い方

1

立ち上がりの目を3目編みます。

2

糸をかけ、次の目（→の位置）に針を入れます。
※中長編み以上は、台の目をとばして次の目を拾います。

3

2段めの最後は、立ち上がりの目を拾います。

4

長編みを編みます。

5

2段めが編めました。

中長編み、長々編みの場合も同様に編みます。

長編み　37

中長編み

細編みと長編みの間の長さです。
ふんわり編めます。

中長編み

1. 立ち上がりのくさり2目を編みます。

2. 糸をかけます。

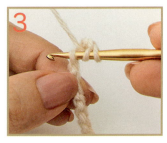

3. 4目手前の裏山に針を入れます。

4. 糸をかけます。

5. 引き抜きます。

6. もう一度糸をかけます。

7. 針にかかっている3本をまとめて引き抜きます。中長編みが1目編めました。

8. 次の目に2〜7と同様に編みます。

長々編み

糸を2回かけてから編むので
長編みより長く編めます。
モチーフなどによく使います。

長々編み

1. 立ち上がりのくさり4目を編み、糸を2回かけます。

2. 6目手前の裏山に針を入れ、糸をかけます。

3. 引き抜きます。

4. 糸をかけます。

5. 針にかかっている2本をまとめて引き抜きます。

6. もう一度糸をかけます。

7. 針にかかっている2本をまとめて引き抜きます。

8. もう一度糸をかけます。

9. 針にかかっている2本をまとめて引き抜きます。長々編みが1目編めました。

10. 次の目に2〜9と同様に編みます。

四角く編むだけ
細編み、長編みのコースター

はじめて面に編むなら
コースターがいいですね！
好きな毛糸で好きな太さで。

★作り方はP.144

四角く編む

四角く編むときは、
はじめにくさり編みを編み、
目を拾って、長編みなどを編んでいきます。

> **長編みのコースター**

1 作り目をし、くさり編みを13目編みます。

2 くさり3目を編みます（立ち目です）。

3 5目手前の目の裏山に長編みを編みます。

4 続けて長編みをし（計12目）、1段編めたところです。

5 編み地を裏返して持ち、くさり編みを3目編みます（立ち目です）。

6 次の目に長編みを編みます。

7 くり返して6段編み、糸を切ります。

8 糸を引き抜き、糸端を編み地に通して始末し、できあがり。

四角く編む 41

色変えしながら編む
3色マフラー

太い毛糸なので、はじめてでも
半日あれば作れるマフラーです。
色を替えると、編むのがより楽しいですね。

*作り方はP.145

色の替え方

色を替えるときは次の段で替えると思われがちですが、前の段の最後の目の最後の1針で替えます。こうすると、きれいに色を替えることができます。

基本の色替え

1 最後に糸を引き抜く手前まで編みます。

2 別色の糸に持ち替え、針に糸をかけます。

3 最後の引き抜きを編み、色替えができました。

4 そのまま続けて編みます。

しっかりとめる色替え

1 最後に糸を引き抜く手前まで編み、手前から向こうへ糸をかけます。

2 別色の糸に持ち替え、針に糸をかけます。

3 最後の引き抜きを編み、色替えができました。

色替え後の糸の始末

糸をとじ針に通し、それぞれ同じ色の目に通して余分を切ります。

増やし目

円形に編むとき、
大きくしていくときは
目を増やす必要があります。

前の段の1目に2目編み入れたり、
3目編み入れたりして、目を増やし
大きくしていきます。

増やし目を覚えただけで
円や楕円ができるようになるので
形に広がりも出てきます。
円形にもチャレンジしてみましょう。

P46 細編み2目編み入れる

P48 わの作り目 わ

P49 引き抜き編み

P50 段目リング

P51 細編み3目編み入れる

P52 中長編み2目、3目編み入れる

P53 長編み2目、3目編み入れる

P55 楕円に編む

P57 筒状(輪編み)に編む

増やし目 45

細編み2目編み入れる
こま

目を増やす編み方です。
1つの目に細編みを2つ入れて増やす方法です。

細編み2目編み入れる

次の目に細編み2目を編み入れます。

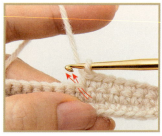

1 次の目に針を入れます。

2 細編みを1目編みます。

3 同じ目にもう一度針を入れます。

4 細編みを1目編みます。細編み2目編み入れました。

5 全体の様子です。

増やし目

細編み2目編み入れるなど、目を増やしていくことを「増やし目(増し目)」といいます。増やし目をマスターすると、円形のコースターやマット、帽子やバッグなどの立体作品を編むことができます。

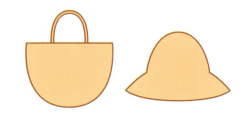

丸く編む
フリルコースター

中心の輪から編めば丸くなります。
増やし目をしながら編みましょう。
縁のくさり編みがフリルに……

★作り方はP.146

わの作り目

わの作り目は、円形に編むときのはじめの目です。
わを作り、わの中に目を入れて、編みはじめます。

わの作り目・1段め

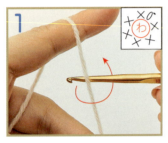

1. 糸の向こう側に針をあてます。

2. →のように針を回転させます。

3. 一回転させ、輪の根元を持ちます。

4. →のように針に糸をかけます。

5. 輪から糸を引き出します。わの作り目ができました。

6. くさり1目を編みます(立ち目です)。

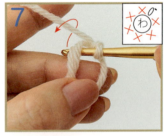

7. 輪の2重になっているところに針を入れます。

8. →のように糸をかけます。

引き抜き編み

輪に編んだときに、
最後の目とはじめの目をとめるのに使ったり、
2枚をつなぎ合わせたり、いろいろに使えます。

引き抜き編み

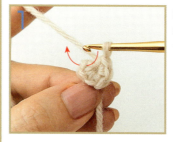

1 引き抜き編みの手前まで編みます。

2 最初の細編みの頭（→の位置）に針を入れます。

3 糸をかけます。

4 針にかかっている3本をまとめて引き抜きます。引き抜き編みが1目編めました。

9 細編み（こま）をします。

10 続けて、輪の2重になっているところに細編みを編みます。

11 糸端を引き、引き締めます。

引き抜き編み 49

段目リング

段数や、増減の目の位置に印をつけるためのリングです。
目がわからなくなったりしないように
編んだらすぐにつけるといいでしょう。

丸く編むときの段目リングの使い方

最初の細編みの頭に段目リングをつけながら編むと、編みやすくなります。

1　くさり1目を編みます（立ち目です）。

5　引き抜き編みの手前まで1周編みます。

2　根元の目に針を入れます。

6　段目リングのところに針を入れます。

3　細編みを1目編みます。

7　引き抜き編みをします。2段めが編めました。

4　細編みの頭に段目リングをつけます。

8　3段めの立ち目を編み、細編み1目編んだら、段目リングを移します。

50　段目リング

細編み3目編み入れる

1つの目に細編みを3目入れて目を増やす方法です。
楕円に編むときは、左右の端の目に使用します。

細編み3目編み入れる

細編みを1目編みます。

同じ目に針を入れ、糸をかけます。

細編みを1目編みます。

2～3と同様に1目(計3目)編みます。細編み3目編み入れました。

同様に、段目リングを移しながら編みます。

3段めが編めたところです。

4段めが編めたところです。

5段めが編めたところです。

細編み3目編み入れる　51

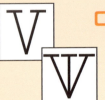

中長編み2目、3目編み入れる

1つの目に中長編みを2目または3目入れて、目を増やす方法です。

中長編み2目編み入れる

次の目に中長編み2目を編み入れます。

1 針に糸をかけ、→の目に入れます。

2 中長編みを1目編みます。

3 同じ目にもう1目中長編みを編みます。中長編み2目編み入れました。

中長編み3目編み入れる

1 針に糸をかけ、次の目に入れます。

2 中長編みを1目編みます。

3 同じ目にもう1目中長編みを編みます。

4 同じ目にもう1目(計3目)中長編みを編みます。中長編み3目編み入れました。

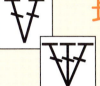

長編み2目、3目編み入れる

1つの目に長編みを2目または3目入れて、目を増やす方法です。

長編み2目編み入れる

次の目に長編み2目を編み入れます

1 針に糸をかけ、→の目に入れます。

2 長編みを1目編みます。

3 同じ目にもう1目長編みを編みます。長編み2目編み入れました。

長編み3目編み入れる

1 針に糸をかけ、次の目に入れます。

2 長編みを1目編みます。

3 同じ目にもう1目長編みを編みます。

4 同じ目にもう1目（計3目）長編みを編みます。長編み3目編み入れました。

長編み2目、3目編み入れる　53

楕円に編む
おしゃれなバレッタ

モールの毛糸を楕円に編んで、
ビーズやラインストーンをつけるだけ！
思いがけない豪華な仕上がりに……

作り方はP.147

楕円に編む

はじめにくさり編みを何目か編み、
左右の端を丸く編み楕円形にしていきます。

楕円に編む

1 作り目をし、くさり1目を編みます（立ち目です）。

2 次の目に細編みを編みます。

3 続けて細編みを4目編みます。

4 次の目に細編みを3目編み入れます。

5 続けて下半分も同様に編みます。

6 はじめの細編みに引き抜き編みをします。1段編めました。

7 同様に、編み図の通りに2段め以降も編みます。

8 3段めが編めました。

筒状に編む
ペットボトルホルダー

底を増やし目をしながら丸く編んで、
増やし目をしないで、
そのまま編めば筒状に。

★作り方はP.148

筒状(輪編み)に編む

底を編み、そのまま側面を編んでいきます。
増やし目をしないで編むと
底の大きさで筒状になります。

筒状に編む(輪編み)

1
編み図の通りに底を編みます。

2
9段め(側面)を最後の引き抜きの手前まで編みます。

3
はじめの細編みに針を入れます。

4
糸をかけ、引き抜きます。

5
立ち上がりのくさり1目を編みます。

6
前の段と同じ目数で1周して引き抜くをくり返し、側面を編みます。

往復編みと輪編みの編み地の違い

往復編み
目の表と裏が交互に出るので、2段ごとに柄のようになります。

輪編み
常に目の表が表面になるので、均質な編み地になります。

筒状(輪編み)に編む 57

減らし目

立体に編むときなどは
目を増やすだけでなく、
減らすことが必要になってきます。

２目や３目を最後に一度に引き抜くことで
１目にして、目を減らします。

増やし目だけでなく減らし目も覚えれば、
ある程度の形は作れるようになります。

編みぐるみなどもカンタンにできるので
ぜひ、作ってみましょう。

P.60 細編み2目一度

P.61 長編み2目一度

P.62 中長編み2目一度

P.63 長々編み2目一度

P.65 減らし目で立体に

減らし目　59

細編み2目一度
こま

細編み2目を1目にする方法です。
目を減らすときに使います。

細編み2目一度

次の目とさらに次の目を2目一度に編みます。

4 さらに次の目に針を入れ、糸をかけます。

1 次の目に針を入れます。

5 引き抜きます。

2 糸をかけます。

6 糸をかけます。

3 引き抜きます。

7 針にかかっている3本をまとめて引き抜きます。細編み2目一度が編めました。

60　細編み2目一度

長編み2目一度

長編み2目を1目にする方法です。
目を減らすときに使います。

長編み2目一度

1 針に糸をかけ、次の目に針を入れます。

2 糸をかけ、引き抜きます。

3 糸をかけ、針にかかっている2本を引き抜きます。

4 糸をかけ、さらに次の目に針を入れます。

5 糸をかけ、引き抜きます。

6 糸をかけ、針にかかっている2本を引き抜きます。

7 糸をかけます。

8 針にかかっている3本をまとめて引き抜きます。長編み2目一度が編めました。

長編み2目一度　61

中長編み2目一度

中長編み2目を1目にする方法です。
目を減らすときに使います。

中長編み2目一度

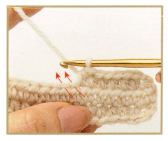

次の目とさらに次の目を2目一度に編みます。

4

糸をかけ、引き抜きます。

1

針に糸をかけ、次の目に針を入れます。

5

糸をかけます。

2

糸をかけ、引き抜きます。

6

針にかかっている4本をまとめて引き抜きます。
中長編み2目一度が編めました。

3

糸をかけ、さらに次の目に針を入れます。

7

長々編み2目一度

長々編み2目を1目にする方法です。
目を減らすときに使います。

中長編み2目一度

次の目とさらに次の目を2目一度に編みます。

4

糸を2回かけ、さらに次の目に針を入れます。

1

針に糸を2回かけ、次の目に針を入れます。

5

糸をかけ、最後の引き抜きの手前まで長々編みを編みます。

2

糸をかけ、引き抜きます。

6

糸をかけます。

3

糸をかけ、最後の引き抜きの手前まで長々編みを編みます。

7

3本をまとめて引き抜きます。長々編み2目一度が編めました。

長々編み2目一度　63

小さなあみぐるみ
かわいいいちご

目を増やして、減らして編むだけで
かわいいいちごができます。
飾ったり、チャームにしたり……

作り方はP.146

減らし目で立体に

増やし目をして、減らし目をすると
立体になっていきます。
編み図の見方をマスターしましょう。

増やし目・減らし目で立体を作る

編み図を見ながら作りましょう

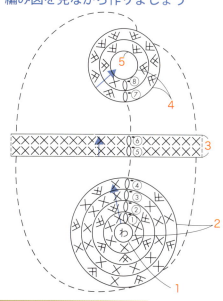

1 編みはじめ
わの作り目をします。

2 増やし目
①〜④段めを増やし目をしながら編みます。

3 増減なし
前の段と同じ目数で編むことをいいます。
⑤⑥段めを増減なしで編みます。

4 減らし目
⑦⑧段めを減らし目をしながら編みます。

上から見たところです。

5 仕上げ
綿を入れ、糸を切って引き抜き、とじ針に通して最後の目の1本をとり、1周します。

糸を引きます。

減らし目で立体に 65

玉編み・パプコーン編み

とってもかわいい編み方です。
玉がポコポコできるだけで
編み地の雰囲気がぐっと個性的になります。

小さな小物にも合う編み方です。
編み地全体でも一部でも素敵に仕上がります。

玉の大きさや形もいろいろあるので
いろいろ作ってみるのがオススメです。

玉編み1つ覚えるだけで
かぎ針の範囲がぐっと広がります。
太い毛糸でも細い毛糸でもできます。

P68 長編み3目玉編み

P69 長編み3目玉編み（束に編む）

P70 中長編み3目玉編み

P71 長編み5目玉編み

P72 変わり中長編み3目玉編み

P74 中長編み5目パプコーン編み

P75 長編み5目パプコーン編み

P77 長編み5目パプコーン編み（裏側からの編み方）
中長編み2目玉編み

P79 玉編み、パプコーン編みをふっくら編む

玉編み・パプコーン編み　67

長編み3目玉編み

長編み3目を同じ目に編み入れます。
最後を3目一度に引き抜いて、1目にします。
玉のような目になります。

長編み3目玉編み

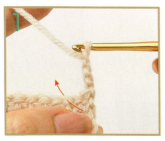
1　くさり4目を編みます。

2　糸をかけ、3目め（→の目）に針を入れます。

3　糸をかけ、引き抜きます。

4　糸をかけ、針にかかっている2本を引き抜きます。

5　同様に、同じ目に長編みを最後の引き抜きの手前まで編みます。

6　もう一度、同じ目に長編みを最後の引き抜きの手前まで編みます。

7　糸をかけます。

8　右の4本をまとめて引き抜きます。長編み3目玉編みが編めました。

長編み3目玉編み(束に編む)

長編み3目玉編みとの違いは、前の段の目に針を入れるのではなく、目と目の間にできている穴（隙間）に針を入れて編むことです。

長編み3目玉編み(束に編む)

前段のくさり編みを束で拾ってくるむように編むことを「束(そく)に編む」といいます。

1 くさり4目を編みます。

2 糸をかけ、くさり編みの下(★の穴)に針を入れます。

3 糸をかけ、引き出します。

4 糸をかけ、最後の引き抜きの手前まで長編みを編みます。

5 同様に、同じ位置に長編みを最後の引き抜きの手前まで編みます。

6 もう一度、同じ位置に長編みを最後の引き抜きの手前まで編みます。

7 糸をかけます。

8 右の4本を引き抜きます。長編み3目玉編み(束に編む)が編めました。

中長編み３目玉編み

中長編み３目を同じ目に編み入れます。
最後を３目一度に引き抜いて、１目にします。
玉のような目になります。

中長編み３目玉編み

1 くさり３目を編みます。

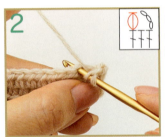
2 糸をかけ、３目め（→の目）に針を入れます。

3 糸をかけ、引き抜きます。

4 同様に、同じ目に中長編みを最後の引き抜きの手前まで編みます。

5 もう一度、同じ目に中長編みを最後の引き抜きの手前まで編みます。

6 糸をかけ、針にかかっている６本をまとめて引き抜きます。中長編み３目玉編みが編めました。

中長編み３目玉編み（束に編む）

前段のくさり編みを束で拾って編みます。

長編み5目玉編み

長編み5目を同じ目に編み入れます。
最後を5目一度に引き抜いて、1目にします。
玉のような目になります。

長編み5目玉編み

1　くさり4目を編みます。

2　糸をかけ、3目め（→の目）に針を入れます。

3　糸をかけ、長編みを最後の引き抜きの手前まで編みます。

4　同様に、同じ目に長編みを最後の引き抜きの手前まで編みます。

5　続けて、同じ目に長編みを最後の引き抜きの手前まで3目（計5目）編みます。

6　糸をかけ、針にかかっている6本をまとめて引き抜きます。長編み5目玉編みが編めました。

長編み5目玉編み（束に編む）

前段のくさり編みを束で拾って編みます。

長編み5目玉編み　71

変わり中長編み3目玉編み

中長編み3目玉編みとの違いは、中長編み3目玉編みの最後にくさり編みを1目編むことです。

変わり中長編み3目玉編み

1 くさり4目を編み、糸をかけます。

2 3目め（→の目）に針を入れて引き抜き、糸をかけます。

3 同様に、同じ目に針を入れて引き抜き、糸をかけます。

4 もう一度、同じ目に針を入れて引き抜き、糸をかけます。

5 針にかかっている6本をまとめて引き抜き、糸をかけます。

6 針にかかっている2本をまとめて引き抜きます。変わり中長編み3目玉編みが編めました。

変わり中長編み3目玉編み（束に編む）

前段のくさり編みを束で拾って編みます。

玉編みで編む
ミニバッグ

小さいので、すぐ編めます。
玉編みは、編み目がふっくら
編み地が素敵です。

★作り方はP.149

玉編み

中長編み5目パプコーン編み

玉編みと違い、
編み目が大きく盛り上がる編み方です。
中長編み5目で編みます。

中長編み5目パプコーン編み

1　くさり3目を編みます。

5　針先のループを、右側のループから引き抜きます。

2　3目め（→の目）に中長編みを5目編み入れます。

6　くさり編みを1目編みます。中長編み5目パプコーン編みが編めました。

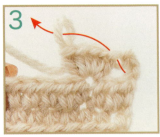

3　一度針をはずします。

中長編み5目パプコーン編み（束に編む）

4　→の通りに針を入れ直します。

前段のくさり編みを束で拾って編みます。

長編み5目パプコーン編み

長編み5目で編むパプコーン編みです。
中長編みと比べ、長さが長くなります。

長編み5目パプコーン編み

くさり4目を編みます。

針先のループを、右側のループから引き抜きます。

3目め（→の目）に長編みを5目編み入れます。

くさり編みを1目編みます。長編み5目パプコーン編みが編めました。

一度針をはずします。

→の通りに針を入れ直します。

長編み5目パプコーン編み（束に編む）

前段のくさり編みを束で拾って編みます。

玉編みで編む
かわいいがま口

コロンとかわいいがま口は
丸く編むだけでカンタンです。
好きな色で作りましょう。

★作り方はP.150

玉編み

長編み5目パプコーン編み（裏側からの編み方）
中長編み2目玉編み

表裏パプコーン編みのときの裏側からの編み方です。針の入れ方に注意しましょう。

長編み5目パプコーン編み（裏側からの編み方）

1 くさり4目を編み、長編みを5目編み入れます。

2 →の通りに、針を向こうから手前へ入れます。

3 続けて左のループに入れます。

4 左のループを右のループから引き抜き、くさり1目を編みます。

5 長編み5目パプコーン編みが裏側から編めました。

中長編み2目玉編み

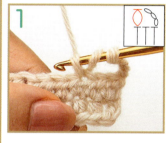

1 中長編みを最後の引き抜きの手前まで編みます。

2 糸をかけ、同じ目に針を入れます。

3 糸をかけ、引き抜きます。

4 糸をかけ、右の5本を引き抜きます。中長編み2目玉編みが編めました。

長編み5目パプコーン編み（裏側からの編み方）・中長編み2目玉編み

玉編みで編む
おしゃれヘアターバン

ざっくりした感じもいいターバン。
玉編みをふっくら編むと
より素敵に仕上がります。

★作り方はP.152

玉編み、パプコーン編みをふっくら編む

玉が小さいより、ふっくらしている方が綺麗に見えます。
ふっくら編むコツは糸の引き方です。
いろいろ試してみましょう。

玉編み・パプコーン編みをふっくら編む

前段から糸を引き抜くときに、糸を長めに出します。

ふっくら編めました。

玉編み

玉編み・パプコーン編みの目の足を全て長く編みます。

パプコーン編み

くさり編みの作り目から輪に編む

くさり編みの作り目を編みます。

立ち目を編み、折り返して1段めを編みます。

1段編み、輪にして最初の目の頭に針を入れ、引き抜きます。

2段めからは、立ち目を編み、ぐるぐると輪に編みます。

交差編み

編む順を変えるだけで
編み目が交差し、模様編みができます。
とてもカンタンなので
はじめての人にもオススメです。

模様編みは単調な編み地でなくなるので
ほんの1列入れるだけでも効果的です。

交差の仕方もいろいろあります。
長編みくらいの長さがあると
模様も目立つので、
まずは、長編みで編んでみましょう。

P.82 中長編み1目交差

P.83 長編み1目交差

P.84 変わり長編み1目交差

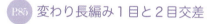

P.85 変わり長編み1目と2目交差

P.87 タッセルの作り方

交差編み

中長編み1目交差

1目先の目に中長編みを編んでから前の目に中長編みを編んで、交差させる編み方です。

中長編み1目交差

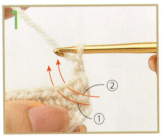

1　立ち上がりのくさり2目を編みます。

2　糸をかけ、1目あけた目（→①）に針を入れます。

3　糸をかけ、引き抜きます。

4　中長編みを1目編み、糸をかけます。

5　1目手前の目（→②）に、針を手前から4の目の向こうへ入れます。

6　糸をかけます。

7　6を引き抜き、糸をかけます。

8　まとめて引き抜きます。中長編み1目交差が編めました。

長編み1目交差

1目先の目に長編みを編んでから前の目に長編みを編んで、交差させる編み方です。

長編み1目交差

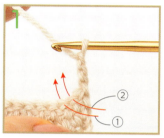

1 立ち上がりのくさり3目を編みます。

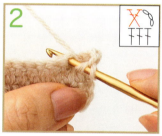

2 糸をかけ、1目あけた目（→①）に針を入れます。

3 長編みを1目編み、糸をかけます。

4 1目手前の目（→②）に、針を手前から3の目の向こうへ入れます。

5 糸をかけます。

6 5を引き抜き、糸をかけます。

7 針にかかっている2本を引き抜き、糸をかけます。

8 まとめて引き抜きます。長編み1目交差が編めました。

変わり長編み1目交差

長編み交差は編みながら斜めに先に編んだ目を包んでしまいますが、変わり長編み交差は目を包まないで交差します。

変わり長編み右上1目交差

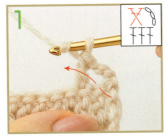

1 立ち上がりの目を編み、1目あけた目に長編みを編み、針に糸をかけます。

2 →のように、1目手前の目に針を入れて1の長編みの手前に出し、糸をかけます。

3 2を引き抜き、糸をかけます。

4 1の長編みの手前で長編みを編みます。変わり長編み右上1目交差が編めました。

変わり長編み左上1目交差

1 立ち上がりの目を編み、1目あけた目に長編みを編み、針に糸をかけます。

2 →のように、1目手前の目に針を入れます。

3 糸をかけます。

4 1の長編みの後ろで長編みを編みます。変わり長編み左上1目交差が編めました。

84　変わり長編み1目交差

変わり長編み1目と2目交差

1目先2目先の目を先に編んでから目を包まないように交差します。針の動かし方が特徴です。

変わり長編み1目と2目の左上交差

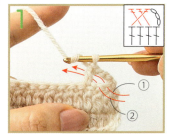

1 立ち上がりの目を編み、2目あけた目に長編みを編み、針に糸をかけます。

2 2目手前の目（→①）に針を後ろから入れます。

3 1の長編みの後ろで長編みを編みます。

4 同様に、間の目（→②）に長編みします。変わり長編み1目と2目の左上交差が編めました。

変わり長編み1目と2目の右上交差

1 立ち上がりの目を編み、1目あけた目に長編みを編みます。

2 次の目に長編みを編みます。

3 →のように、2目手前の目に針を手前から入れます。

4 1・2の長編みの手前で長編みします。変わり長編み1目と2目の右上交差が編めました。

変わり長編み1目と2目交差　85

交差編みで編む
クラッチバッグ

2本どりで編むクラッチバッグ。
コンチョボタンと交差模様がアクセント。
タッセルもつけましょう。

★作り方はP.151

交差編み

タッセルの作り方

厚紙に糸を巻いて作ります。
厚紙の大きさ、糸の本数などで
いろいろな大きさのタッセルができます。

タッセルの作り方

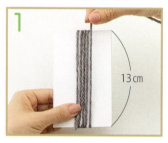

1. 厚紙をタッセルの長さ＋2cm（ここでは13cm）に切り、糸を巻きます。

5. 別糸で結びます。

2. 20回巻きました。

6. 別糸の糸端をとじ針で内側に入れます。

3. 別糸で輪の上を結びます。

7. 下を揃えて切ります。

4. 輪の下を切ります。

8. できあがりです。

87

引き上げ編み

前の段の目の取り方が違うだけで
かぎ針編みとは思えない編み地ができます。

長編みと交互に編むと
棒針編みのゴム編みのような感じになります。

前の段の目を取るわけでなく
編み目の左右の穴に針を通すので
はじめての人には、実はカンタンな編み方になります。

楽しく編める編み方なので
ぜひ、チャレンジしてください。

P.90 細編みの引き上げ編み

P.91 中長編みの引き上げ編み

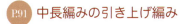

P.92 長編みの引き上げ編み

P.95 ボンボンの作り方

引き上げ編み

細編みの引き上げ編み

前の段の目を拾わないで
編んだ目の横に針を入れて細編みを編むと
前の段の目が引き上げられたように見える編み方です。

細編みの表引き上げ編み

1　引き上げ編みをする手前まで編みます。

2　前段の細編みの足（→）に針を入れ、糸をかけます。

3　2を引き抜き、糸をかけます。

4　一度に引き抜きます。細編みの表引き上げ編みが編めました。

細編みの裏引き上げ編み

1　引き上げ編みをする手前まで編みます。

2　前段の細編みの足（→）に後ろから針を入れます。

3　続けて向こう側に針を出し、糸をかけます。

4　3を引き抜き、糸をかけます。

5　一度に引き抜きます。細編みの裏引き上げ編みが編めました。

中長編みの引き上げ編み

前の段の目を拾わないで
編んだ目の横に針を入れて中長編みを編むと
前の段の目が引き上げられたように見える編み方です。

中長編みの表引き上げ編み

1 引き上げ編みをする手前まで編みます。

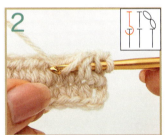

2 前段の中長編みの足（→）に針を入れ、糸をかけます。

3 2を引き抜き、糸をかけます。

4 一度に引き抜きます。中長編みの表引き上げ編みが編めました。

中長編みの裏引き上げ編み

1 引き上げ編みをする手前まで編みます。

2 前段の中長編みの足（→）に後ろから針を入れます。

3 続けて向こう側に針を出し、糸をかけます。

4 3を引き抜き、糸をかけます。

5 一度に引き抜きます。中長編みの裏引き上げ編みが編めました。

長編みの引き上げ編み

前の段の目を拾わないで
編んだ目の横に針を入れて長編みを編むと
前の段の目が引き上げられたように見える編み方です。

長編みの表引き上げ編み

1　引き上げ編みをする手前まで編みます。

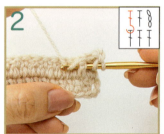

2　前段の長編みの足（→）に針を入れ、糸をかけます。

3　2を引き抜き、糸をかけます。

4　長編みを編みます。長編みの表引き上げ編みが編めました。

長編みの裏引き上げ編み

1　引き上げ編みをする手前まで編みます。

2　前段の長編みの足（→）に後ろから針を入れます。

3　続けて向こう側に針を出し、糸をかけます。

4　3を引き抜き、糸をかけます。

5　長編みを編みます。長編みの裏引き上げ編みが編めました。

引き上げ編みの
ストライプのスヌード

編んだら輪にしましょう。
ストライプが縦になるのがいいですね。
好きな色の組み合わせで作っても。

作り方はP.152

引き上げ編みの
ボンボンキャップ

引き上げ編みと長編みで
棒針のゴム編みのようになります。
白いボンボンは何色にも合います。

✶作り方はP.153

ボンボンの作り方

厚紙に糸を巻いて作ります。
中心の糸はしっかりしばるのがポイント。
丸く切るのは、徐々に切るようにしましょう。

ボンボンの作り方

1 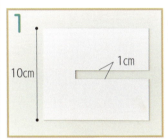 厚紙をボンボンの大きさ＋1cm（ここでは10cm）にコの字に切ります。

2 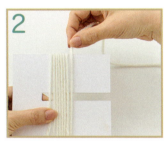 糸を巻きます。

3  120回巻きました。

4  結び糸（別糸）で中心を仮結びします。

5  上下の輪を切ります。

6  厚紙からはずし、結び糸をしっかり締めてもう一度結びます。

7  丸く切ります。帽子につけるので、結びひもは残しておきます。

8  できあがりです。

いろいろな編み方

基本の編み方を少しアレンジするだけで
いろいろな編み方があります。

すじ編みやバック細編みのように
キワをはっきりさせたい
縁を丈夫にしたいなど、便利な編み方から

リング編みやピコットのように
飾りになる編み方までいろいろあります。

覚えるのがたいへんな編み方ではないので
使ってみるのがオススメです。
かぎ針がより楽しくなる編み方です。

P.98 バック細編み

P.99 細編みのうね編み・すじ編み

P.100 リング編み

P.101 ピコット

P.105 スレッドコード

いろいろな編み方 97

バック細編み

左から右にバックするように編みます。
縁編みに使われることが多い編み方です。
のび止めにもなり、便利です。

バック細編み

1　立ち上がりの目を編みます。

2　針を写真のように前段の端の目（→）に入れます。

3　糸をかけます。

4　3を引き抜きます。

5　糸をかけます。

6　まとめて引き抜きます。バック細編みが編めました。

7　同様に、1目右側の目に針を入れ、糸をかけます。

8　4～6と同様に編みます。2目編めました。このように、左から右へと進みます。

98　バック細編み

細編みのうね編み・すじ編み
こま

目を拾うときに、手前1本残すので
すじができる編み方です。
底の最後に編むことで、角を作ったりします。

細編みのうね編み

常に向こう側半目に編みます。

1 立ち上がりの目を編みます。
上から見たところ

2 前段の向こう側半目（→）に針を入れ、糸をかけます。

3 細編みを編みます。細編みのうね編みが編めました。

4 次の段も、向こう側半目に編みます。
2段ごとに「うね」ができます。

細編みのすじ編み

表から見て向こう側半目に編みます。

1 **往復編みの場合**
編み図の右から左へ編むときは、うね編み同様向こう側半目に細編みします。

2 編み図の左から右へ編むときは手前半目に編みます。
1段ごとに「すじ」ができます。

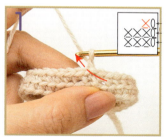

1 **輪編みの場合**
立ち上がりの目を編み、向こう側半目（→）に針を入れます。

2 細編みを編みます。次の段も同様に編みます。
1段ごとに「すじ」ができます。

細編みのうね編み・すじ編み 99

リング編み

指に糸をかけてリングを作りながら編みます。
豪華な雰囲気に仕上がります。
マフラーや円座などにいいでしょう。

細編みのリング編み

1 左手の中指を糸にあてます。

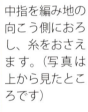

2 中指を編み地の向こう側におろし、糸をおさえます。（写真は上から見たところです）

3 次の目に針を入れます。

4 中指の上から糸をかけます。

5 4を引き抜き、糸をかけます。

6 一度に引き抜きます。

7 中指をはずします。細編みのリング編みが編めました。（写真は上から見たところです）

8 同様に、続けて編みます。リングは編み地の裏側にできます。

ピコット

くさり編み3目と引き抜き編みで縁に小さな突起を作る編み方です。かわいい仕上がりになります。

くさり3目の引き抜きピコット

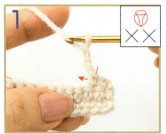
1 細編みを編み、くさり3目を編みます。

2 根元の細編みの頭手前半目と足の1本(→)に針を入れます。

3 糸をかけます。

4 一度に引き抜きます。くさり3目の引き抜きピコットが編めました。

くさり3目のピコット

1 細編みを編み、くさり3目を編みます。

2 次の目に針を入れます。

3 糸をかけ、引き抜きます。

4 細編みを編みます。細編み2目の間に、くさり3目のピコットが編めました。

リング編みの
ふんわりマフラー

リング編みの輪がとても豪華
ひと結びできるくらいの
短いマフラーがいいですね。

★作り方はP.154

リング編みの
クリーナー

窓を拭いたり、車を拭いたり
とってもかわいいクリーナーです。
色の組み合わせが、ポイントです。

★作り方はP.155

リング編み

ピコット編みの
ティッシュケース

バッグの中に下げられるように
持ち手つきのケース
ピコットがつくだけでかわいいですね。

作り方はP.156

スレッドコード

くさり編みよりしっかりしたひもの作り方です。
編みはじめの糸を一緒に編むだけで
よれないきれいなひもができます。

スレッドコードの編み方

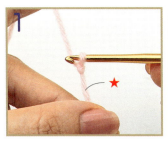

1 糸端（★）を作りたい長さの約3倍くらいにして持ち、作り目をします。

2 下の糸（★）を針の手前から向こう側へかけます。

3 上の糸を針にかけます。

4 針にかかっている2本をまとめて引き抜きます。

5 2〜4をくり返して編みます。

6 スレッドコードが編めました。

スレッドコードとくさり編みの違い

スレッドコードはくさり編みを2本重ねたような厚みがあり、くさり編みよりもしっかりしています。
作りたいものによって使い分けましょう。

スレッドコード

くさり編み

スレッドコード 105

モチーフ編み

小さな花や四角い形のモチーフは
ちょっとした時間で編めて
1枚で出来上がった感じがするのがいいですね。

つなげば、ポーチからブランケットまで
大きなものも作れます。

形もですが色の組み合わせも楽しいのがモチーフです。
組み合わせで雰囲気がガラッと変わるので
自分の好きな組み合わせで編んでみましょう。

モチーフのつなぎ方もいろいろあるので
ここでマスターできるといいですね。

P.109 モチーフの作り方

P.113 四角いモチーフの作り方

P.117 モチーフのはぎ合わせ方

P.118 引き抜きはぎ

P.119 引き抜きとじ

P.120 かがりはぎ

P.121 すくいとじ

モチーフ編み

花モチーフ
色バリエーション

同じお花でも
色で雰囲気が変わります。
たくさん編んで飾ったり、使ったり。

モチーフの作り方

花モチーフは、中心の「わ」から編み始めます。
玉編みを組み合わせることで
花びらのように見えます。

編み図の見方

✳ 材料・用具はP.154

編み図

編み進め方

下の番号は作り方の番号と対応しているので、両方見ながら編んでみましょう。

花モチーフの作り方1

1
わの作り目をします。

2
くさり2目を編みます(立ち目です)。

3
輪の中に針を入れます。

4
中長編みを1目編みます。

5
くさり2目を編みます。

➡ P.110に続く

モチーフの作り方 109

花モチーフの作り方2

6 中長編み3目玉編み（束に編む）を編みます。

12 長編み3目玉編み（束に編む）を編みます。

7 5・6をくり返し、1周します。

13 くさり3目を編みます。

8 編みはじめの糸を引っ張り、輪を引き締めます。

14 同じ位置（★）に引き抜き編みをします。

9 最初の中長編みの目に針を入れ、引き抜き編みをします。1段めができました。

15 10～14をくり返し、1周します。2段めができました。

10 くさり編みの下（編み図の★）に針を入れ、引き抜き編みをします。

16 糸を切り、とじ針で裏側の目に通し、始末します。

11 くさり3目を編みます（立ち目です）。

17 できあがりです。

花モチーフ
紺のラリエット

かわいいお花が
たくさん付いたラリエット
ベースが紺色なので使いやすいです。

作り方はP.157

四角いモチーフ
ブルーと紫のモチーフ

色を替えて編むのが楽しいモチーフ
色の組み合わせでいろいろな雰囲気に。
1枚でコースターにもなります。

四角いモチーフ

四角いモチーフの作り方

モチーフに、4つ角を作ることで
つなぎやすい、四角いモチーフになります。
色も柄も楽しんで作れます。

編み図の見方

編み図　✿花モチーフの作り方はP.109・110
　　　　✿材料・用具はP.157

編み進め方　P.114からの番号と対応しています。

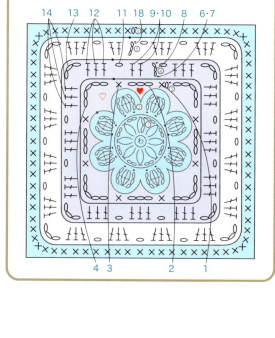

糸のつけ方

1 糸をつける目に針を入れます。

2 新しい糸を針にかけます。

3 2を引き抜きます。糸がつきました。（1目には数えません）

4 続けて立ち上がりの目を編みます。

➡ P.114に続く

四角いモチーフの作り方　113

四角いモチーフの作り方1

1 立ち上がりの目に続けて、細編みを1目編みます。

6 4段めを編みます。くさり編みの下(編み図の♥)に針を入れます。

2 くさり3目を編みます。

7 引き抜き編みをします。

3 次の花びらの先に細編みを編みます。

8 くさり3目を編みます(立ち目です)。

4 くさり5目を編みます。

9 糸をかけ、同じ位置(♥)に針を入れます。

5 細編み、くさり編みを編み図の通りにくり返して1周編みます。3段めができました。

10 長編みを2目編みます。

114 四角いモチーフの作り方

四角いモチーフの作り方2

11 くさり1目を編みます。

12 次のくさり編みの下(♡)に長編みを3目編みます。

13 くさり3目を編みます。

14 同じ位置(♡)に長編みを3目編みます。

15 くり返して1周し、最初の目に引き抜き編みをします。4段めができました。

16 紫色の糸を切り、くさり編みの下に針を入れ、白の糸を針にかけます。

17 16を引き出します。

18 くさり3目を編みます(立ち目です)。

19 4段めと同様に、編み図の通りに編みます。5段めができました。

20 5段めと同様に、ブルーの糸をつけて編み図の通りに編み、できあがり。

四角いモチーフの
かわいいマフラー

モチーフの編み方はいろいろ
1枚ずつ編んだり、中心から色ごとに編んだり……
楽しんで編みましょう。

作り方はP.157

モチーフのはぎ合わせ方

ニットの編み地やモチーフ編みなどをつなぐ方法です。
目をつなぐのを「はぎ」、段をつなぐのを「とじ」といいます。
引っぱりすぎないようにつなぎましょう。

コの字はぎ

はぎ糸はできあがりの3.5倍程度とっておきます。

1 モチーフ同士を合わせ、糸をとじ針につけて端の目半目ずつに下から上へ通します。

2 隣りの目半目ずつに、上から下に通します。

3 1・2を繰り返します。

4 コの字はぎができました。

「はぎ」と「とじ」

はぎ 目と目をつなぐことをいいます。

目と目をぴったり合わせてつなぎます。

とじ 段と段をつなぐことをいいます。

段がずれないように、段ごとに目の頭を揃えるようにします。

引き抜きはぎ

かぎ針を使ってつなぐ方法です。
2枚合わせにし、両方の目に針を入れ
引き抜き編みをしながら、はぎ合わせます。

引き抜きはぎ

はぎ糸はできあがりの5.5倍程度とっておきます。

1 編み地を中表に合わせ、端の目に針を入れます。

5 一度に引き抜きます。

2 糸をかけます。

6 4・5を繰り返します。

3 2枚を一度に引き抜きます。

7 引き抜きはぎができました。裏に引き抜きの目が残ります。

4 次の目に針を入れ、糸をかけます。

表から見たところです。

引き抜きとじ

かぎ針を使ってつなぐ方法です。
2枚合わせにし、両方の段に針を入れ
引き抜き編みをしながら、はぎ合わせます。

引き抜きとじ

とじ糸はできあがりの5.5倍程度とっておきます。

1 編み地を中表に合わせ、端の目に針を入れ、糸をかけます。

5 2枚を一度に引き抜きます。

2 1を引き抜き、糸をかけます。

6 隣りに針を入れ、4・5と同じようにとじ合わせます。

3 2を引き抜きます。

7 段がずれないように合わせながら、くり返します。

4 手前の目と奥の目をすくうように針を入れ、糸をかけます。

8 引き抜きとじができました。

かがりはぎ

とじ針を使ってつなぐ方法です。
2枚合わせにし、両方の目に針を入れ
斜めにかがるように、はぎ合わせます。

かがりはぎ（半目）

はぎ糸はできあがりの3.5倍程度とっておきます。

1 編み地を合わせ、とじ針で端の目をすくいます。

2 隣りの目の上から下へ、頭を半目ずつすくって通します。

3 糸を軽く引き締めます。

4 2・3をくり返します。

5 かがりはぎ（半目）ができました。

表

かがりはぎ（全目）

1 編み地を合わせ、上と下の頭をすくってとじ針を通します。

2 繰り返します。

3 かがりはぎ（全目）ができました。

表

すくいとじ

とじ針を使ってつなぐ方法です。
2枚を並べ、向こう側、こちら側と
交互にすくってとじるように、はぎ合わせます。

すくいとじ

とじ糸はできあがりの3.5倍程度とっておきます。

1 編み地を合わせ、とじ針を上の作り目の端に通します。

5 ある程度すくったら、糸を軽く引き締めます。

2 下の端の目の糸を、横にすくいます。

6 引き締めました。

3 上の端の目の糸を、横にすくいます。

7 同様に、目をすくって糸を引き締めるを繰り返します。

4 2・3をくり返します。

8 すくいとじができました。

表 / 裏

すくいとじ 121

四角いモチーフ
ピンクのポーチ

お花がかわいいモチーフです。
2枚編んで、つなぐだけで
かわいいポーチに。

★作り方はP.159

あみぐるみ

かぎ針で編めるようになったら
チャレンジして欲しいのがあみぐるみです。

細編みの増やし目と減らし目だけで作ります。
小さなパーツからできているので
思ったより早くできます。

手を長くしたり…ボディを丸くしたりと
アレンジもカンタンです。

小さいので残り糸でも作れます。
プレゼントしても喜ばれるあみぐるみ
ぜひ、1つ作ってみてください。

P.127 あみぐるみ

あみぐるみ
かわいいしろくま

ピンクのストライプボディがポイント。
手足は動くので
座らせることもできます。

あみぐるみ

わの作り目からはじめて、増やし目減らし目で
立体の頭やボディの形を作っていきます。
手足も同じ要領で作り、つなげるだけで簡単です。

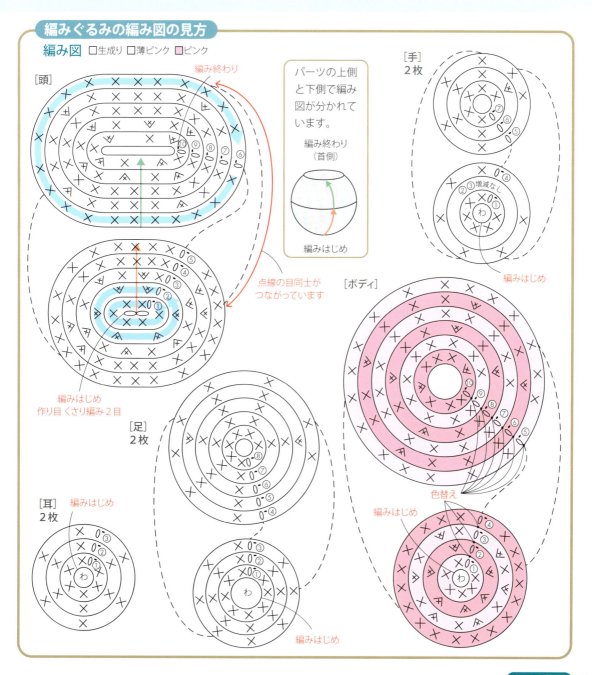

かわいいしろくま・ペアのしろくまの作り方

材料 ＜共通＞毛糸［ハマナカ ボニー］生成り(442)：25g・黒(402)：少々
手芸綿：適量
＜かわいいしろくま＞毛糸［ハマナカ ボニー］薄ピンク(405)・ピンク(474)：各4g
＜ペアのしろくま＞毛糸［ハマナカ ボニー］薄ブルー(439)・ブルー(472)：各4g

用具 かぎ針 7.5/0号
とじ針

頭の作り方

1
くさり2目を編み(作り目)、くさり1目を編みます(立ち目です)。

2
細編みを2目編みます。

3
細編み2目めと同じ目に、細編みをさらに2目編みます。

4
反対側も同様に編みます。

5
はじめの細編みに引き抜き編みをします。1段めが編めました。

6
2段めです。立ち目を編み、細編み2目編み入れるで1周し、はじめの目に引き抜き編みをします。

7
4段めまで編みます。編み図の通りに細編みと細編み2目編み入れるで1周します。

8
5・6段めは細編みで増減なしで編みます。(写真は横から見たところです)

あみぐるみ

9 7段めです。編み図の通りに細編みと細編み2目一度で1周します。

10 8段めです。細編みで増減なしで編みます。

11 編み図の通りに細編みと細編み2目一度で10段めまで編み、糸を切ります。

ボディの作り方1

1 わの作り目をします。糸を輪にし、針に糸をかけます。

2 1を引き出します。

3 くさり1目を編みます(立ち目です)。

4 輪の中に細編み6目を編みます。

5 糸端を引き、引き締めます。

6 はじめの細編みの頭に針を入れ、別色の糸(ピンク)に持ち替え、糸をかけます。

7 6を引き抜きます。1段めが編め、色替えができました。

あみぐるみ

ボディの作り方2

8　2段めを最後の引き抜き編みの手前まで編みます。

9　はじめの細編みの頭に針を入れ、1段めの糸（薄ピンク）に持ち替え、糸をかけます。

10　9を引き抜きます。2段めが編め、色替えができました。

11　3段めを編み、最後の引き抜き編みで色替えをします。

12　編み図の通りにくり返し、10段編みます。編み終わりの糸は少し長めに残しておきます。

手・足・耳の作り方

1　手を作ります。わの作り目をします。

2　ボディと同様に、1段めを編みます。

3　編み図の通りに編み、手ができました。編み終わりの糸は少し長めに残しておきます。2個作ります。

4　足も同様に作ります。2個作ります。

5　耳も同様に作ります。2個作ります。

パーツの仕上げ

1 ボディ、頭、手、足に綿を入れます。（耳は入れません）

2 足の編み終わりの糸をとじ針につけ、最終段の目を拾って一周します。

3 2の糸を引っぱり、しぼります。手も同様にします。

パーツが全てできました！

パーツのジョイント1

1 ボディと頭をつなぎます。ボディの編み終わりの糸をとじ針につけ、頭とボディの端の目をすくいます。

2 かがりはぎ（全目）ではぎます。

3 1周し、頭にボディがつきました。

4 手の編み終わりの糸をとじ針につけ、手とボディの目を交互にすくいます。

5 手の端を1周し、ボディに手がつきました。

パーツのジョイント2

6 足の編み終わりの糸をとじ針につけ、手と同様につけます。

7 ボディに足がつきました。

8 耳の編み終わりの糸をとじ針につけ、手と同様につけます。

9 耳が頭につきました。

10 全てのパーツがつきました。

目鼻の刺しゅう

1 毛糸（黒）のよりを戻し、1本とって2本にします。

2 とじ針につけ、首の後ろから針を入れて鼻の位置に出します。

3 目・鼻を刺しゅうします。

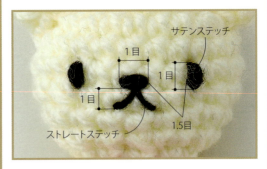

サテンステッチ / ストレートステッチ / 1目 / 1目 / 1目 / 1.5目 / 6段

4 できあがり。

あみぐるみ
ペアのしろくま

ブルーストライプの色違いです。
1匹より2匹……
たくさん作るとよりかわいいですね。

終わりに

終わりに

優しい編み物…
かぎ針の世界
いかがでしたか。

1つの編み方を覚えただけでも
小さなポーチから
ブランケットやセーターまで
いろいろ編めます。

ゆっくりていねいに
楽しんで編んでください。

編んで楽しみ
編んだものを使って楽しめるのが
かぎ針編みの魅力です。

あったかなニットグッズを
プレゼントするのもいいですね。

かぎ針編みから
いろいろなものが生まれてきます。

かぎ針編みからはじまる物語…

さあ、はじめましょう。

編み目記号と編み方図

このページでは、本文で解説した主な編み方を、図で解説しています。

 くさり編み

①針に糸をかけます。　②そのまま引き抜きます。くさり編みが1目編めました。

 引き抜き編み

①矢印のように針を入れます。　②針に糸をかけ、一度に引き抜きます。　③引き抜き編み1目が編めました。

 細編み

①矢印のように前段の目に針を入れます。　②針に糸をかけ、引き抜き、もう一度針に糸をかけます。　③一度に引き抜きます。細編みが1目編めました。

 細編み2目編み入れる

①細編みを1目編みます。　②同じ目に細編みをもう1目編みます。

 細編み3目編み入れる

細編み2目編み入れると同様に編み、同じ目にさらに1目細編みを編みます。

 中長編み

①針に糸をかけ、前段の目に針を入れます。　②針に糸をかけ引き抜きます。　③針に糸をかけます。　④一度に引き抜き、中長編み1目が編めました。

 中長編み2目編み入れる

①中長編みを1目編みます。　②同じ目に中長編みをもう1目編みます。

 長編み

①針に糸をかけ、前段の目に針を入れます。　②針に糸をかけ、引き抜き、もう一度針に糸をかけます。　③2目引き抜き、針に糸をかけます。　④一度に引き抜き、長編み1目が編めました。

 長編み2目編み入れる

①長編みを1目編みます。　②同じ目に長編みをもう1目編みます。

 長々編み

①針に糸を2回かけ、前段の目に針を入れます。　②針に糸をかけ、引き抜き、針に糸をかけます。　③2目引き抜き、針に糸をかけます。　④もう一度2目引き抜き、針に糸をかけます。　⑤一度に引き抜き、長々編みが1目編めました。

 長々編み2目編み入れる

長々編みを1目編み、同じ目に長々編みをもう1目編みます。

編み目記号と編み方図

細編み 2目一度 前段の2目から目を拾って一度に編むことをいいます。	①次の目に針を入れ、糸をかけ、引き抜きます。 ②その次の目に針を入れ、糸をかけ、もう一度針に糸をかけます。 ③一度に引き抜き、細編み2目一度が編めました。	細編み 3目一度 ①細編み2目一度の②まで編み、さらに次の目から糸を引き抜き、糸をかけます。 ②一度に引き抜き、細編み3目一度が編めました。

中長編み 2目一度	①針に糸をかけ、前段の目に針を入れます。 ②針に糸をかけ、引き抜き、もう一度針に糸をかけます。 ③次の目に針を入れ、糸をかけ、引き抜きます。 ④糸をかけます。 ⑤一度に引き抜き、中長編み2目一度が編めました。

長編み 2目一度	①針に糸をかけ、前段の目に針を入れます。 ②針に糸をかけ、引き抜き、もう一度針に糸をかけます。 ③2目引き抜き、針に糸をかけ、次の目に針を入れます。 ④②と同じように編み、2目引き抜き、針に糸をかけます。 ⑤一度に引き抜き、長編み2目一度が編めました。

中長編み 2目玉編み	①針に糸をかけ、前段の目に針を入れます。 ②針に糸をかけ、引き抜きます。 ③針に糸をかけます。 ④同じ目に針を入れ、糸をかけ、引き抜き、針に糸をかけます。 ⑤一度に引き抜き、中長編み2目玉編みが編めました。	中長編み 3目玉編み 中長編みを最後の引き抜きの手前まで同じ目に3目編み、糸をかけ、一度に引き抜きます。

長編み 2目玉編み	①針に糸をかけ、前段の目に針を入れます。 ②針に糸をかけ、引き抜き、針に糸をかけます。 ③2目引き抜きます。同じ目に①～③を繰り返します。 ④針に糸をかけます。 ⑤一度に引き抜き、長編み2目の玉編みが編めました。	長編み 5目玉編み 長編みを最後の引き抜きの手前まで同じ目に5目編み、糸をかけ、一度に引き抜きます。

変わり 中長編み 3目玉編み	①中長編み2目玉編みの④までと同様に編みます。 ②同じ目に針を入れて引き抜き、糸をかけます。 ③ループ6本を引き抜きます。 ④糸をかけます。 ⑤一度に引き抜き、変わり中長編み3目玉編みが編めました。

編み目記号と編み方図

 中長編み 5目 パプコーン編み	 ①同じ目に中長編みを 5目編み入れます。	 ②針をはずします。	 ③②の→のように 針を入れ直します。	 ④左のループを右の ループから引き抜き、 糸をかけます。	 ⑤引き抜いて中長編 み5目パプコーン 編みが編めました。
 長編み 5目 パプコーン編み	 ①同じ目に長編みを 5目編み入れます。	 ②針をはずします。	 ③②の→のように針を 入れ直します。	 ④左のループを右の ループから引き抜 き、糸をかけます。	 ⑤引き抜いて長編み 5目パプコーン編 みが編めました。
 中長編み 1目交差	 ①ひとつ先の目に中長編み を編み、針に糸をかけます。	 ②ひとつ手前の目に針を 入れ、①の向こうで糸 をかけ、引き抜きます。	 ③針に糸をかけます。	 ④一度に引き抜き、 中長編み1目交差が 編めました。	
 長編み 1目交差	 ①ひとつ先の目に長編み を編み、針に糸をかけ ます。	 ②ひとつ手前の目に針を 入れ、①の向こうで糸 をかけ、引き抜きます。	 ③針に糸をかけます。	 ④長編みを編みます。長編み 1目交差が編めました。	
 変わり長編み 右上1目交差	 ①ひとつ先の目に長編み を編み、針に糸をかけ ます。	 ②ひとつ手前の目に、①の 目の手前から→の方向に 針を入れ、糸をかけて引 き抜きます。	 ③針に糸をかけます。	 ④①の長編みの手前で長編みを 編み、変わり長編み右上1目 交差が編めました。	
 変わり長編み 左上1目交差	 ①ひとつ先の目に長編み を編み、針に糸をかけ ます。	 ②ひとつ手前の目に、①の 目の後ろから→の方向に 針を入れ、糸をかけて引 き抜きます。	 ③針に糸をかけます。	 ④①の長編みの後ろで長編みを 編み、変わり長編み左上1目 交差が編めました。	

細編みの表引き上げ編み	①前段の細編みの足に表側から→のように針を入れます。 ②針に糸をかけ、引き抜き、もう一度針に糸をかけます。 ③一度に引き抜き、細編みの表引き上げ編みが編めました。	細編みの裏引き上げ編み ①前段の細編みの足に裏側から→のように針を入れます。 ②細編みを編みます。細編みの裏引き上げ編みが編めました。

中長編みの表引き上げ編み	①針に糸をかけ、前段の中長編みの足に表側から→のように針を入れます。 ②針に糸をかけ、引き抜き、もう一度針に糸をかけます。 ③一度に引き抜き、中長編みの表引き上げ編みが編めました。	中長編みの裏引き上げ編み ①針に糸をかけ、前段の中長編みの足に裏側から→のように針を入れます。 ②中長編みを編みます。中長編みの裏引き上げ編みが編めました。

長編みの表引き上げ編み	①針に糸をかけ、前段の長編みの足に表側から→のように針を入れます。 ②針に糸をかけ、引きぬき、もう一度針に糸をかけます。 ③長編みを編みます。長編みの表引き上げ編みが編めました。	長編みの裏引き上げ編み ①針に糸をかけ、前段の長編みの足に裏側から→のように針を入れます。 ②長編みを編みます。長編みの裏引き上げ編みが編めました。

バック細編み	 ①くさり編み1目で立ち上がり、針を→のように入れます。 ②針に糸をかけ、引き抜き、もう一度針に糸をかけます。 ③一度に引き抜きます。バック細編みが編めました。 ④右隣の目に①②と同様にくり返し編みます。

細編みのすじ編み（輪編みの場合）細編みのうね編み	①前段の向こう側の目を1本すくうように針を入れます。 ②針に糸をかけ、引き抜きます。 ③針に糸をかけます。 ④一度に引き抜き、細編みのすじ編みが編めました。	細編みのすじ編み（往復編みの場合） 表から編むときは左の①〜④と同様に編み、裏から編むときは前段の手前の目を1本すくいます。

細編みのリング編み	①目に針を入れ、糸の上に中指をのせ、針に糸をかけます。 ②①を引き抜き、もう一度針に糸をかけます。 ③一度に引き抜き、リング編みが編めました。（裏にリングができます）	細編みのリング編み2目編み入れる ①リング編みを編み、同じ目にもう1目編みます。 ②リング編み2目編み入れるが編めました。（裏にリングができます）

作品インデックス

基本の編み方

 P32
 P40
 P42

引き上げ編み

 P93
 P94

増やし目

 P47
 P54
 P56

いろいろな編み方

 P102
 P103
 P104

減らし目

 P64

モチーフ編み

 P108
 P111
 P112

玉編み・パプコーン編み

 P73
 P76
 P78

 P116
 P122

P123

交差編み

 P86

あみぐるみ

 P126
 P133

逆引きインデックス

あ
- 合太 ・・・・・・・・ 14・18
- アイロン ・・・・・・・・ 17
- 足 ・・・・・・・・ 22
- 頭 ・・・・・・・・ 22
- 編み終わりの始末 ・・・・ 26
- 編み図
  - ・編み図 ・・・・・・・ 22
  - ・編み図の見方 ・・・・・ 65・109・113・127
- 編み目記号 ・・・・・ 22・136
- 糸
  - ・糸の色 ・・・・・・・ 14
  - ・糸の種類 ・・・・・・ 15
  - ・糸の取り出し方 ・・・・ 20
  - ・糸の太さ ・・・・・ 14・18
  - ・糸のつけ方 ・・・・・ 113
  - ・糸のつなぎ方 ・・・・・ 25
  - ・糸の持ち方 ・・・・・ 21
- 糸端の始末 ・・・・・・ 27
- 色の替え方 ・・・・・・ 43
- 裏山（裏の目） ・・・・・ 31
- 往復編み ・・・・・・・ 22

か
- かがりはぎ ・・・・・・ 120
- かぎ針
  - ・かぎ針 ・・・・・・・ 16
  - ・かぎ針の太さ・号数 ・・ 18
  - ・かぎ針の持ち方 ・・・・ 21
- 片かぎ針 ・・・・・・・ 16
- 変わり中長編み3目玉編み ・・・ 72・137
- 変わり中長編み3目玉編み（束に編む） ・・・・ 72
- 変わり長編み左上1目交差 ・・ 84・138
- 変わり長編み右上1目交差 ・・ 84・138
- 変わり長編み1目と2目の左上交差 ・・・・・ 85
- 変わり長編み1目と2目の右上交差 ・・・・・ 85

逆引きインデックス

か くさり編み
- ・くさり編み ・・・・・・・・・ 31・33・136
- ・くさり編みの作り目 ・・・・・ 23・30
- ・くさり3目の引き抜きピコット
  ・・・・ 101
- ・くさり3目のピコット ・・・・ 101

ゲージ ・・・・・・・・・・・ 24
- ・ゲージの合わせ方 ・・・・・・ 19・24
- ・ゲージの見方 ・・・・・・・・ 24

極太 ・・・・・・・・・・・・ 14・18

極細 ・・・・・・・・・・・・ 14・18

コの字はぎ ・・・・・・・・・ 117

細編み
- ・細編み ・・・・・・・・・・ 34・136
- ・細編み3目編み入れる ・・・・ 51・136
- ・細編みのうね編み ・・・・・・ 99
- ・細編みの裏引き上げ編み ・・・ 90・139
- ・細編みの表引き上げ編み ・・・ 90・139
- ・細編みのすじ編み ・・・・・・ 99・139
- ・細編みのリング編み ・・・・・ 100・139
- ・細編みのリング編み2目編み入れる
  ・・・・ 139
- ・細編み2目編み入れる ・・・・ 46・136
- ・細編み2目一度 ・・・・・・・ 60・137
- ・バック細編み ・・・・・・・・ 98・139

さ ジャンボ針 ・・・・・・・・ 16・18

すくいとじ ・・・・・・・・・ 121

スラブヤーン ・・・・・・・・ 14・15

スレッドコード ・・・・・・・ 105

増減なし ・・・・・・・・・・ 65

束（そく）に編む ・・・・・・ 69

た 台の目 ・・・・・・・・・ 22・23・
  35

立ち上がりの目（立ち目） ・・・ 22・35
- ・立ち上がりの目の拾い方 ・・・ 37

タッセルの作り方 ・・・・・・・ 87

段 ・・・・・・・・・・・・・ 22

段の数え方 ・・・・・・・・・ 23

段目リング ・・・・・・・・・ 17・50

中長編み
- ・中長編み ・・・・・・・・・ 38・136
- ・中長編み5目パプコーン編み ・ 74・138
- ・中長編み5目パプコーン編み
  （束に編む） ・・・・・・・ 74
- ・中長編み3目編み入れる ・・・ 52
- ・中長編み3目玉編み ・・・・・ 70
- ・中長編み3目玉編み（束に編む）
  ・・・ 70
- ・中長編みの表引き上げ編み ・・ 91・139
- ・中長編みの裏引き上げ編み ・・ 91・139
- ・中長編み1目交差 ・・・・・ 82・138
- ・中長編み2目編み入れる ・・・ 52・136

た 中長編み
- ・中長編み2目一度 ・・・・・62・137
- ・中長編み2目玉編み ・・・・・77・137

超極太 ・・・・・・・・・・14・18

中細 ・・・・・・・・・・・14・18

作り目 ・・・・・・・・・・30・48

とじ ・・・・・・・・・・・・117

とじ針 ・・・・・・・・・・16・17

な 長編み
- ・長編み ・・・・・・・・36・136
- ・長編み5目玉編み ・・・・71
- ・長編み5目玉編み（束に編む）
  ・・・71
- ・長編み5目パプコーン編み
  ・・・75・77・138
- ・長編み5目パプコーン編み（束に編む）
  ・・・75
- ・長編み3目編み入れる ・・53
- ・長編み3目玉編み ・・・・68
- ・長編み3目玉編み（束に編む）
  ・・・69
- ・長編みの裏引き上げ編み ・92・139
- ・長編みの表引き上げ編み ・92・139
- ・長編み1目交差 ・・・・・83・138
- ・長編み2目編み入れる ・・53・136
- ・長編み2目一度 ・・・・・61・137
- ・長編み2目玉編み ・・・・137

な 長々編み
- ・長々編み ・・・・・・・39・136
- ・長々編み2目一度 ・・・・63

並太 ・・・・・・・・・14・18・19

2本どり ・・・・・・・・・14

は はぎ ・・・・・・・・・117

はた結び ・・・・・・・・・25

バック細編み ・・・・・・・98・139

引き抜き編み ・・・・・・・49・136

引き抜きとじ ・・・・・・・119

引き抜きはぎ ・・・・・・・118

ピコット ・・・・・・・・・101

増やし目 ・・・・・・・・・44・65

減らし目 ・・・・・・・・・58・65

ボンボンの作り方 ・・・・・95

ま 目 ・・・・・・・・・・22

目数 ・・・・・・・・・・・23

や ヤーンケース ・・・・・・20

ら ラベルの見方 ・・・・・・・15

両かぎ針 ・・・・・・・・・16

リング編み ・・・・・・・・100

レース針 ・・・・・・・・・16

わ 輪編み（輪に編む） ・・・22・57・79

わの作り目 ・・・・・・・・48

逆引きインデックス 143

掲載作品の作り方

P.40 細編み・長編みのコースター

材料
毛糸［ハマナカ ボニー］
<長編みのコースター>
水色(471) 8g
<細編みのコースター>
きみどり(495) 9g

用具
・かぎ針 7.5/0号
・とじ針

ゲージ

10cm / 6段　長編み　10cm
　　　　　　　　　10cm / 13目

10cm / 13段　細編み　10cm
　　　　　　　　　　10cm / 13目

完成図

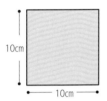

10cm × 10cm

編み図

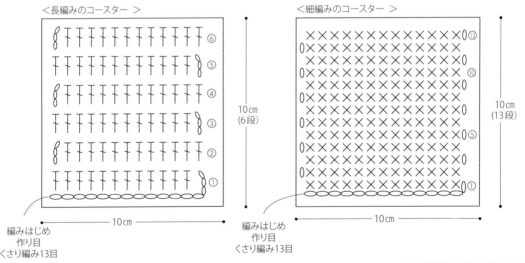

<長編みのコースター>　10cm(6段)　10cm
編みはじめ 作り目 くさり編み13目

<細編みのコースター>　10cm(13段)　10cm
編みはじめ 作り目 くさり編み13目

P.32 3色のエコたわし

材料
毛糸［ハマナカ ボニー］
<イエロー>イエロー(432)、クリーム(478)、きみどり(495)
<ピンク>濃ピンク(468)、ピンク(474)、薄ピンク(405)
<ブルー>ブルー(472)、水色(471)、薄ブルー(439) 各10g

用具
・かぎ針 7.5/0号
・とじ針

P.42 3色マフラー

材料
毛糸［ハマナカ アメリーエル《極太》］
紺(107) 112g
ピンク(105) 40g
白(101) 24g

用具
・ジャンボ針 8mm
・とじ針

ゲージ

10cm / 5.5段
10cm / 11目
長編み

完成図

142cm
16cm
11
3
5
11
3
5
11
3
5
11
3
5
11段

編み図

□ 白
□ ピンク
■ 紺

色を替える△

編みはじめ
作り目
くさり編み18目

142cm
(87段)

16cm

完成図

5.5cm
8cm
A
B
C

色の組み合わせ	＜イエロー＞	＜ピンク＞	＜ブルー＞
A	イエロー	濃ピンク	ブルー
B	クリーム	ピンク	水色
C	きみどり	薄ピンク	薄ブルー

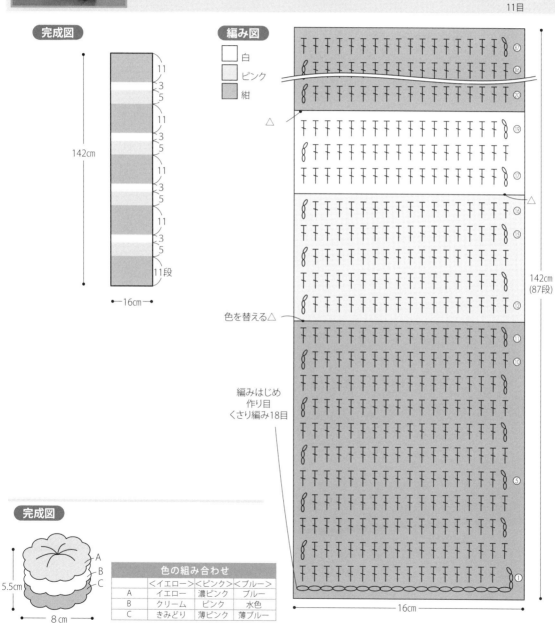

掲載作品の作り方 145

P.47 フリルコースター

材料
毛糸［ハマナカ わんぱくデニス］
<ピンク>ピンク(9) 5g
<パープル>パープル(49) 5g

用具
・かぎ針5/0号
・とじ針

ゲージ

10cm / 20段　細編み
10cm / 20目

完成図

10.5cm

編み図

目の増やし方

8	+6	→48
7	+6	→42
6	+6	→36
5	+6	→30
4	+6	→24
3	+6	→18
2	+6目	→12目
1段め	わの中に細編み6目	

P.64 かわいいいちご

材料 (1個分)
毛糸［ハマナカ わんぱくデニス］
赤(10) 1g
緑(46) 1g
手芸綿　適量

用具
・かぎ針5/0号
・とじ針

ゲージ

10cm / 20段　細編み
10cm / 20目

P.54 おしゃれなバレッタ

材料
毛糸［ハマナカ ルナモール］
<ブルー>ブルー(13) 3g
　　　バレッタ金具(6cm幅) 1個
　　　パールビーズ(大) 1個、(小) 4個
　　　　　　(ゴールド大) 2個、(ゴールド小) 6個
　　　透かしパーツ(花形) 1個、ビジューパーツ(丸形・楕円形) 各1個
<白>白(11) 3g
　　　バレッタ金具(6cm幅) 1個
　　　パールビーズ(大) 1個、(小) 1個
　　　ビジューパーツ(丸形・楕円形大・楕円形小) 各1個
　　　スワロフスキービーズ 9個

用具
・かぎ針7/0号
・とじ針　・針　・透明糸
・プラスチック用ボンド

ゲージ
10cm 18段　細編み
10cm 13目

完成図
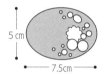
5cm / 7.5cm

編み図
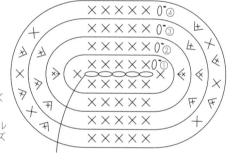

編みはじめ
作り目
くさり編み5目

目の増やし方		
4	+6	→28
3	+6	→22
2	+4	→16
1段め	+7目	→12
作り目	くさり編み5目	

作り方
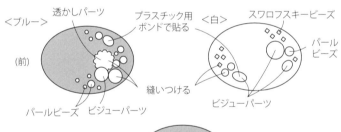

<ブルー>（前）透かしパーツ／プラスチック用ボンドで貼る／パールビーズ／ビジューパーツ／縫いつける

<白>スワロフスキービーズ／パールビーズ／ビジューパーツ

（後ろ）バレッタ金具 縫いつける

完成図

3.5cm / 2.5cm

作り方

1 いちごに綿を入れます。

①綿を入れる　②端の目を1周拾う　③しぼる　[いちご]

2 ヘタをつけ、できあがり。
縫いつける　[ヘタ]

編み図　*いちごの編み図はP.65
[ヘタ]

P.56 ペットボトルホルダー

材料
毛糸［ハマナカ アメリー］
ブルー(15) 25g
白(20) 3g
紺(16) 3g

用具
・かぎ針6/0号
・とじ針

ゲージ
長編み 10cm 9.5段 / 10cm 20目
細編み 10cm 22段 / 10cm 20目

編み図
- ブルー
- 白
- 紺

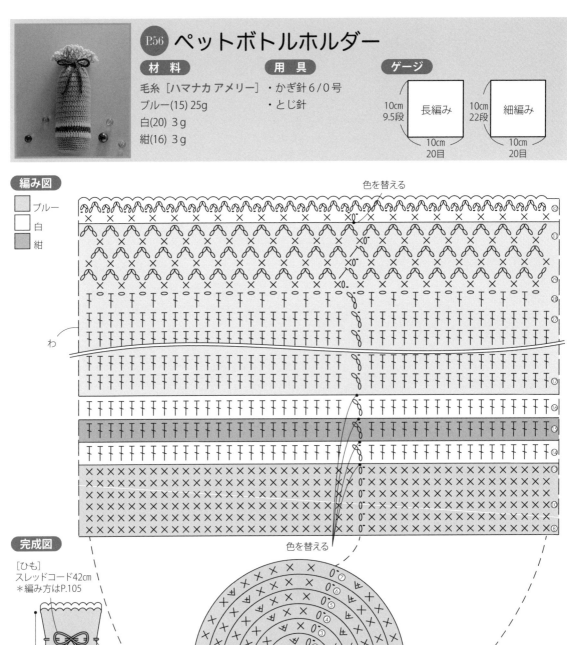

完成図

［ひも］スレッドコード42cm
＊編み方はP.105

22cm / 7cm
28段めに通す

底の目の増やし方		
7	＋6	42
6	＋6	36
5	＋6	30
4	＋6	24
3	＋6	18
2	＋6目	12目
1段め	わの中に細編み6目	

P.73 ミニバッグ

材料
毛糸［ハマナカ エクシードウールFLラメ］
ブルー(513) 30g
手芸綿　適量

用具
・かぎ針 5/0号
　　　　 7/0号
・とじ針

ゲージ
10cm 28段 / 10cm 25目　細編み

完成図
29cm / 10.5cm / 14.5cm

編み図　*かぎ針5/0号
[本体]　21cm(47段)　14.5cm
編みはじめ　作り目　くさり編み36目

作り方

1 本体を作ります。

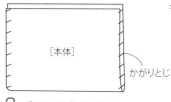

[本体]　かがりとじ

2 ボタンを作ります。

綿
①綿を入れる　②端の目を1周拾う　③しぼる

[ループ]　5cm　くさり編み15目

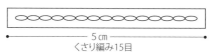

3 ボタン・ループ・持ち手をつけ、できあがり。

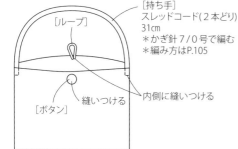

[ループ]　[ボタン]　縫いつける　内側に縫いつける

[持ち手]
スレッドコード(2本どり)
31cm
*かぎ針7/0号で編む
*編み方はP.105

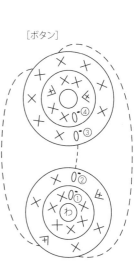
[ボタン]

ボタンの目の増減の仕方		
4	－2	→6
3	±0	→8
2	＋2	→8
1段め	わの中に細編み6目	

149　掲載作品の作り方

P.76 かわいいがま口

材 料
毛糸［ハマナカ アメリー］
クリーム(2) 24g
がま口金具(幅8.5cm・穴あきタイプ) 1個

用 具
・かぎ針6/0号
・とじ針
・針
・糸

ゲージ

模様編み
10cm / 12段
10cm / 12目

完成図
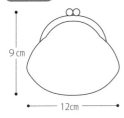
9cm × 12cm

編み図

⑦〜⑬増減なし

目の増やし方		
6〜15	±0	60
5	+12	60
4	+12	48
3	+12	36
2	+12	24目
1段め	わの中に立ち目・中長編み11目	

作り方

1 本体を金具に仮どめします。

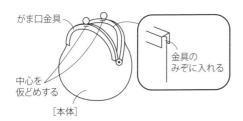

がま口金具
中心を仮どめする
［本体］
金具のみぞに入れる

2 入れ口を縫い、できあがり。

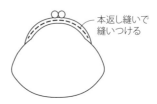

本返し縫いで縫いつける

150　掲載作品の作り方

P.86 クラッチバッグ

材料
毛糸［ハマナカ メンズクラブマスター］
白(1) 114g
グレー(71) 56g
ボタン(直径2.5cm) 1個

用具
・ジャンボ針 8mm
・とじ針
・厚紙
・針 ・糸

ゲージ
長編み
10cm 5段
10cm 10目

完成図
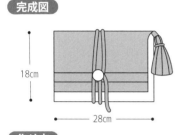

作り方

1 本体を作ります。

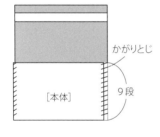

2 ひも・ボタン・タッセルをつけ、できあがり。

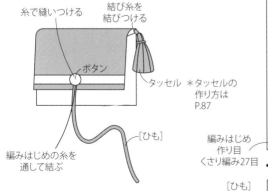

*タッセルの作り方はP.87

編み図
*2本どりで編む

[本体]
□ 白
■ グレー

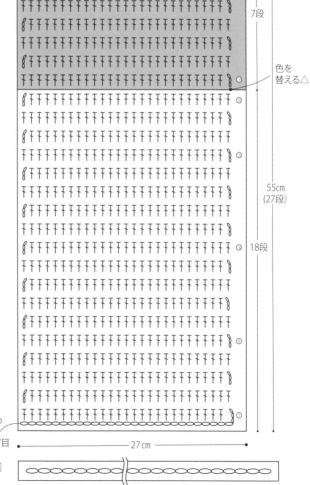

151

P.93 ストライプのスヌード

材料
毛糸［ハマナカ ソノモノふわっと］
グレー(134) 130g
白(131) 45g

用具
・ジャンボ針 8mm
・とじ針

ゲージ
10cm / 6段
10cm / 10目
模様編み

完成図

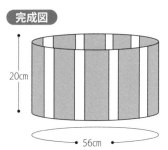

20cm / 56cm

作り方

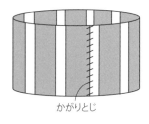

かがりとじ

編み図

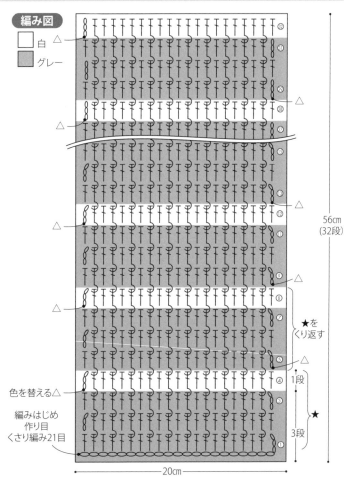

□ 白
■ グレー

★をくり返す
色を替える△
編みはじめ 作り目 くさり編み21目
20cm
56cm(32段)
1段 / 3段

P.78 おしゃれヘアターバン

材料
毛糸［ハマナカ オフコース！ビッグ］
ピンク(118) 41g

用具
・ジャンボ針 8mm ・とじ針

ゲージ
10cm / 10段
10cm / 10目
細編み

完成図

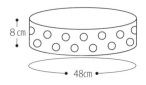

8cm / 48cm

152　掲載作品の作り方

P94 ボンボンキャップ

材 料
毛糸［ハマナカ オフコース！ビッグ］
グリーン(117) 180g
白(101) 30g

用 具
・ジャンボ針 8mm
・とじ針
・厚紙

ゲージ
模様編み 10cm／10目 10cm／6段

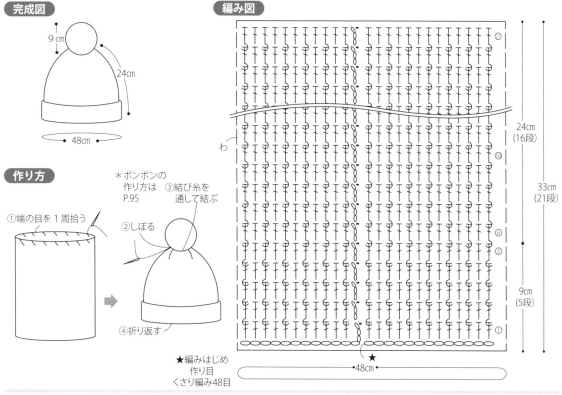

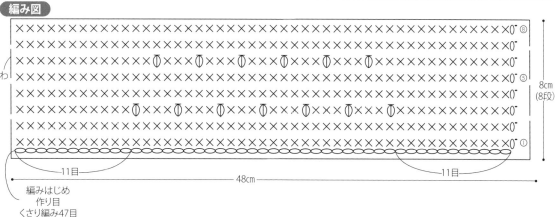

P.102 ふんわりマフラー

材料
毛糸［ハマナカ ソノモノ超極太］
生成り(11) 135g

用具
・かぎ針10/0号

ゲージ

リング編み
中長編み
交互
10cm 9段
10cm 12目

完成図

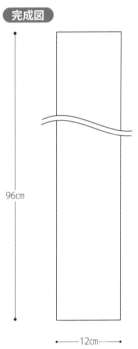

96cm
12cm

編み図

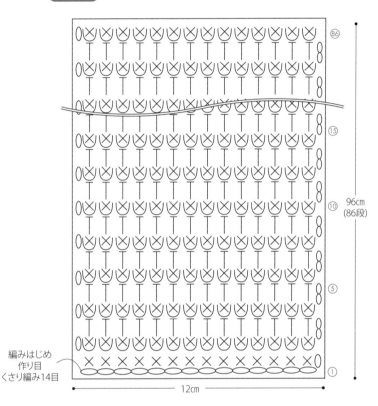

86段
96cm(86段)
12cm
編みはじめ
作り目
くさり編み14目

P.108 花モチーフ 色バリエーション

材料
毛糸［ハマナカ わんぱくデニス］
ブルー(47)
薄ピンク(5)
クリーム(3) 各2g

用具
・かぎ針5/0号
・とじ針

完成図

5.5cm

154 掲載作品の作り方

P.103 クリーナー

材 料

毛糸［ハマナカ ボニー］
水色(471) 16g
きみどり(495) 11g
生成り(442) 3 g

用 具

・かぎ針7.5/0号
・とじ針

ゲージ

10cm 13段	細編み

10cm
13目

完成図

12cm

編み図

□ きみどり ■ 水色 □ 生成り

本体の目の増やし方

7	+6	→ 48
6	+12	→ 42
5	+6	→ 30
4	+6	→ 24
3	+6	→ 18
2	+6目	→ 12目
1段め	わの中に細編み6目	

［本体前］

作り方

1 本体前に花をつけます。

2 本体前・後ろを合わせ、ループをつけます。

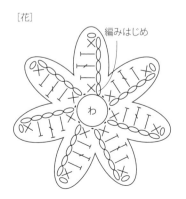

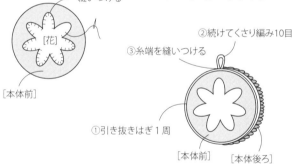

［本体後ろ］

掲載作品の作り方 155

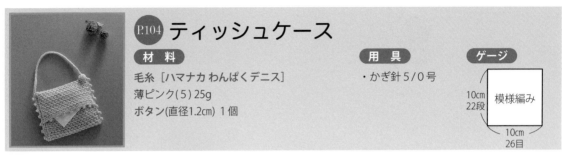

P.104 ティッシュケース

材 料
毛糸［ハマナカ わんぱくデニス］
薄ピンク(5) 25g
ボタン(直径1.2cm) 1個

用 具
・かぎ針5/0号

ゲージ
模様編み 10cm 22段 / 10cm 26目

作り方
1. 本体を編み、縁編みします。
2. 持ち手・ボタンをつけ、できあがり。

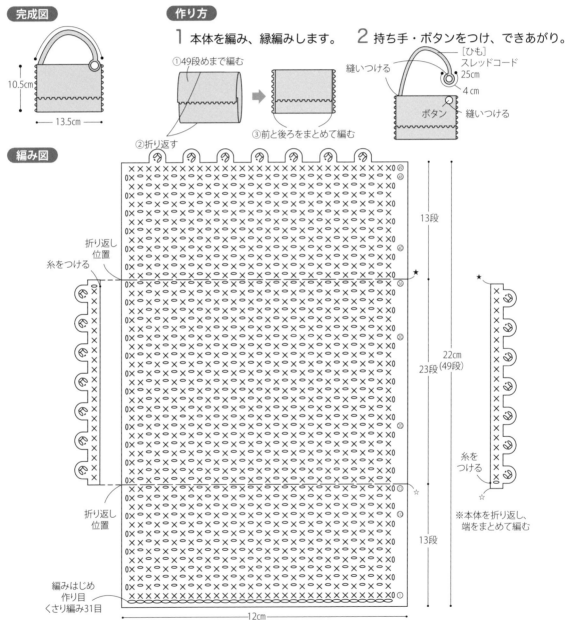

156 掲載作品の作り方

P.111 紺のラリエット

材 料

毛糸 [ハマナカ ピッコロ]
紺(36) 5g
ブルー(12) 2g
ピンク(5)・紫(14) 各1g

用 具

・かぎ針4/0号
・とじ針

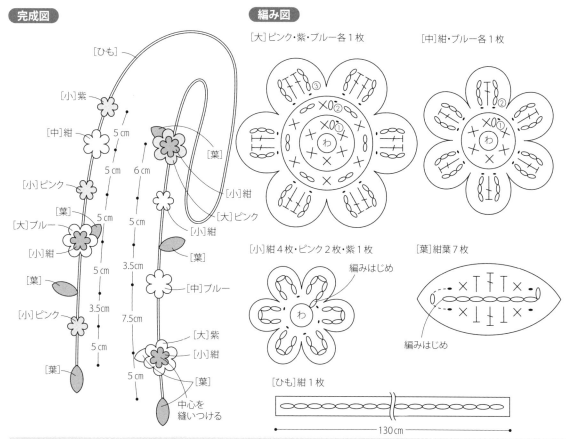

P.112 ブルーと紫のモチーフ
P.116 かわいいマフラー

材 料

毛糸 [ハマナカ わんぱくデニス]
<モチーフ>ブルー(47) 4g
　　　　　オフホワイト(2)・紫(49) 各2g
<マフラー>ブルー(47) 40g
　　　　　オフホワイト(2)・紫(49) 各20g

用 具

・かぎ針5/0号
・とじ針

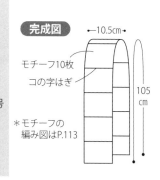

掲載作品の作り方 157

P.122 花モチーフバリエーション

材料
<ブルー>毛糸［ハマナカ ねんね］ブルー(7) 3g
<ピンク>毛糸［ハマナカ わんぱくデニス］ピンク(5) 2g
<白>毛糸［ハマナカ アメリー］白(20) 2g
<濃ピンク>毛糸［ハマナカ ねんね］濃ピンク(6) 3g

用具
・かぎ針 3/0号　5/0号
・とじ針

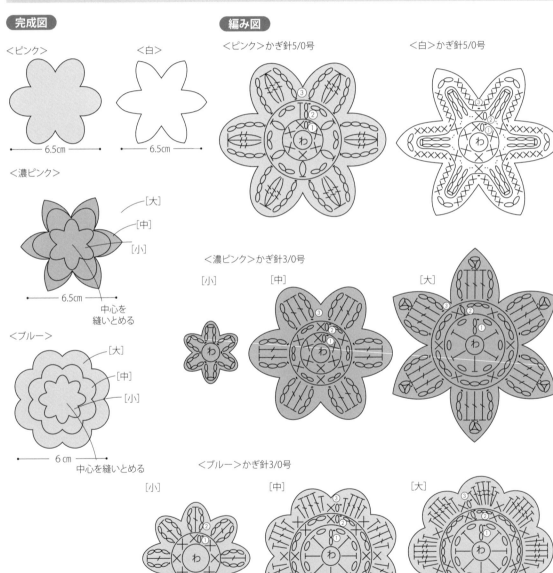

掲載作品の作り方

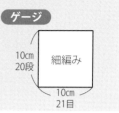

P.123 ピンクのポーチ

材料
毛糸 [ハマナカ わんぱくデニス]
ピンク(5) 10g
ベージュ(31) 8g
白(2) 6g
黄色(3) 2g

用具
・かぎ針 5/0号
・とじ針

ゲージ
10cm 20段 / 10cm 21目 細編み

完成図
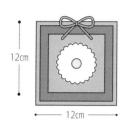

編み図
黄色 / 白 / ピンク / ベージュ
[本体] 2枚

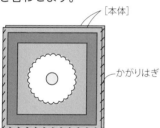

作り方

1 本体を編み、まわりをはぎ合わせます。

[本体] / かがりはぎ

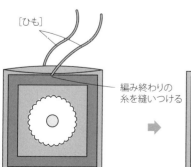

[ひも] 2本

くさり編み30目

2 ひもをつけ、できあがり。

[ひも] / 編み終わりの糸を縫いつける

掲載作品の作り方 159

寺西 恵里子（てらにし えりこ）

(株)サンリオに勤務し、子ども向けの商品の企画デザインを担当。退社後も "HAPPINESS FOR KIDS" をテーマに手芸、料理、工作を中心に手作りのある生活を幅広くプロデュース。その創作活動の場は、実用書、女性誌、子ども雑誌、テレビと多方面に広がり、手作りを提案する著作物は 600 冊を超える。

スタッフ

装丁・デザイン ● ネクサスデザイン　福永 くるみ　うすい としお　YU-KI　野沢 実千代
撮影 ● 奥谷 仁　安藤 友梨子
作品制作 ● 森 留美子　山内 絵理子　福永 すみれ　池田 直子
作り方まとめ ● 千枝 亜紀子
編集担当 ● 宮川 知子（主婦の友社）

協　力

● ハマナカ株式会社
〒616-8585　京都府京都市右京区花園薮ノ下町 2 番地の 3
TEL/075-463-5151(代)
ハマナカコーポレートサイト ● http://www.hamanaka.co.jp
e-mail アドレス ● info@hamanaka.co.jp
手編みと手芸の情報サイト「あむゆーず」● www.amuuse.jp

基本がいちばんよくわかる　かぎ針編みのれんしゅう帳

平成30年10月10日　第1刷発行
令和6年10月10日　第9刷発行

著　者　寺西 恵里子
発行者　大宮 敏靖
発行所　株式会社 主婦の友社
　　　　〒141-0021 東京都品川区上大崎3-1-1 目黒セントラルスクエア
　　　　電話　03-5280-7537（内容・不良品等のお問い合わせ）
　　　　　　　049-259-1236（販売）
印刷所　大日本印刷株式会社

©Eriko Teranishi 2018　Printed in Japan　ISBN978-4-07-429542-5

R〈日本複製権センター委託出版物〉
本書を無断で複写複製（電子化を含む）することは、著作権法上の例外を除き、禁じられています。本書をコピーされる場合は、事前に公益社団法人日本複製権センター（JRRC）の許諾を受けてください。
また本書を代行業者等の第三者に依頼してスキャンやデジタル化することは、たとえ個人や家庭内での利用であっても一切認められておりません。
JRRC〈https://jrrc.or.jp　eメール：jrrc_info@jrrc.or.jp　電話：03-6809-1281〉

■本のご注文は、お近くの書店または主婦の友社コールセンター（電話0120-916-892）まで。
＊お問い合わせ受付時間　月〜金（祝日を除く）10:00〜16:00
＊個人のお客さまからのよくある質問のご案内　https://shufunotomo.co.jp/faq/